JN098390

Craft & Flower

VOLUME V

クラフト＆フラワー第5集

新しい時代の
アート本！

「アート・クラフト
&フラワー」

登場！

Cartonnage
&
Tassel

お抹茶でおもてなし

茶道具入れ。六角形の箱に四つの引き出しがついていて、茶碗、茶筅、なつめ、茶杓を収納します。

三輪真由子 *Miwa Mayuko*

日本ヴォーグ社フレンチメゾンデコール講師
APJパスマントリージャポン協会認定講師
リボンクラフト協会認定講師

ブログ　https://ameblo.jp/castadiva-m/
メール　atelierpetitsbonheurs@gmail.com

■カルチャーレッスン
ヴォーグ学園天神校（福岡市中央区）
毎月第１木曜日　10時〜12時半
講座名「フレンチメゾンデコール」
毎月第１木曜日　13時半〜16時
講座名「カルトナージュで日々に彩りを」
毎月第４金曜日　13時半〜16時
講座名「APJタッセルの基礎」

■自宅レッスン
３名様までの少人数制　要予約
10時〜13時　13時半〜16時
詳細はHPをご覧ください
https://petitsbonheur.jimdofree.com/

カルトナージュに出会い10年以上が過ぎました。製図をし、カルトンをカットし組み立て、美しい布や紙を貼り仕上げるカルトナージュは何気ない日々を楽しくしてくれます。
いくつ作っても、また作りたくなる。自分が楽しみ、そして教室に来て下さる方が楽しんでいる姿に、カルトナージュに出会えて本当に良かったと心から思います。「より、自分らしく」を大切に、好きな刺しゅうやタッセル、リボンクラフトを組み合わせた作品をご提案しています。生徒様のオンリーワンの箱作りをお手伝いしています。画家だった祖父のアトリエが幼少期の私の安らぎの場所。色とりどりの岩絵の具の記憶が生地やタッセルの色を選ぶときにふわりと蘇ります。

Interior
Deco Couture

アトリエフェリーチェ主宰
インテリアデコクチュール協会
総括代表デザイナー

インテリアコーディネーター
NFD（日本フラワーデザイナー協会）
Ⅰ級デザイナー
NFD（日本フラワーデザイナー協会）講師
FEJフラワーエデュケーションジャパン
〈兵庫県〉オフィシャルスクール

アトリエフェリーチェ
HP　http://atelierfelice.com/
Instagram　https://www.instagram.com/atelierfelice/
インテリアデコクチュール協会
HP　http://i-deco-c.com/
Instagram　https://www.instagram.com/idca.1/

■レッスン案内
ファブリックマカロン認定講座
ドレスドール認定講座
フローラキャンドル認定講座
※ZOOMサポート付きオンライン通信講座も開催中

趣味から始めてお花の先生になれる教室『アトリエフェリーチェ』を運営して15年以上がたちました。
人生100年時代といわれる今、女性はそれぞれの年代、立場で色々な悩みや感情があるものです。大切なのは、二度と戻らない「今」という瞬間を幸せだと思えるように生きる事だと考えています。お花やクラフトの時間が、心を癒すものであったり、人生をステップアップさせるものであればいいなと思います。
いつも《今が自分史上最高に幸せなあなたでいてほしい……》そんな想いでレッスンをしています。

Carving Fruits & Soap
SOAP CARVING

柴田なな *Shibata Nana*

2010年より、カービング教室「STUDIO SUK CAI」を主宰。Malisa Language & Culture School（バンコク）、Soap & Fruits Carving Professional コース100時間修了。
宝塚市手工芸協会員

HP　sukcai.com
Instagram　https://www.instagram.com/sukcaiseven_carving/
Email　info@sukcai.com
sukcai.nana@gmail.com

■受賞歴
神形彫手決戦新北（台湾カービングコンテスト）
個人戦 Bronze medal
Battle of The Chefs 2014
（ペナンカービングコンテスト）
個人戦 Bronze medal、団体戦 Bronze medal
アメリカ　スイカ カービング&レシピフォトコンテスト
特別賞
家庭画報 インテリア大賞入賞
宝塚市手工芸公募展 奨励賞
全国手工芸コンクール 優秀賞受賞
全日本芸術公募展 入選

■カービング教室「STUDIO SUK CAI」
宝塚サロンの他、西日本（逆瀬川、なんば、伊丹、武庫之荘、西宮北口、塚口、甲子園、山本、豊中本町、豊中南桜塚、豊中緑ヶ丘、池田、六甲、京都松井山手、京都洛南）、東日本（八王子）のカルチャー教室で柴田先生のカリキュラムが受講可能。認定講師の育成にも力を入れている。

■その他の活動
海外の出張レッスン。宝塚市手工芸協会として、大韓民国日本国大使館広報文化院にて作品展示・ワークショップを担当。人気陶芸作家、木下和美氏との二人展を開催。百貨店、LLADRO、三井ホーム、土屋ホームトピア、パナソニックなどでレッスンを担当。宝塚市立文化芸術センター（Takarazuka Arts Center）にて作品を常設展示販売。

■メディア掲載
朝日新聞、家庭画報、Eclat、Bon Chic、Mart、DRESS、FM宝塚、MBS毎日放送、Thai PBSなど。

Best Selection

クィーンローズコサージュ

リトルローズボックス
(「リボンローズ講座」Vol.1 作品より)

クリスタルリボンドール

プリンセスローズブローチ

ディアローズバギー®
(乳母車型ギフトボックス)

リボンで作ったお洒落な
羽ブローチ

リボンで作る
雛人形

リボンワーク教室
アトリエ ディアローズ主宰

フラワーエデュケーション
ジャパンライセンス校・認定講師
東京リボンラッピングschoolディプロマ取得
ニューヨーク国連本部・
オフブロードウェイ／
フラワーオブジェ製作デザイナーメンバー

4人の子育てをしながら28年間飲食店を経営。50代を過ぎ、あるきっかけで「第二の人生どうありたいか。」を考え、飲食の道を引退。そしてハンドメイドの世界へ。たった1本のリボンが形になっていくことへの情熱が一気に溢れました。この感動を多くの方々にお伝えしていきたいと日々奮闘中。

ディアローズ・
リボン兜®

クリスマスリース

2020年東京クリスマスマーケットに出店したリボンリース。コロナ禍で沈んだ世の中に希望の光をプレゼントする気持ちを込めて。

テーマ「今年のサンタの贈り物　輝く光」

クリスマスツリー

Kyougi Art

人生に幸多かれ

parterre<花の会>主宰
フラワー装飾一級技能士
英国王立美術家協会名誉会員
小原流師範

■Facebook
経木 華創師 Mie Kaneko
【花経木】商標登録済み。

野山や、道端にさいている、何処にでもあるような草花を愛でていたのが、私の原点です。経木の木目をみていると、幼き頃父が、一本一本、木材に丁寧に鉋をかけていた風景が思い出されます。削る音と共に木の香りが立ち込め、鉋くずがクルクル広がっていく様子を「綺麗だな～」と見ていた遠き思い出。経木にも様々な表情があり、木目や色合いでその年の気候をも感じとれ、息吹さえ感じます。時には試練も与える自然界。しかし、その自然より見えないパワーや癒やしを貰って私達は生きていると感じます。

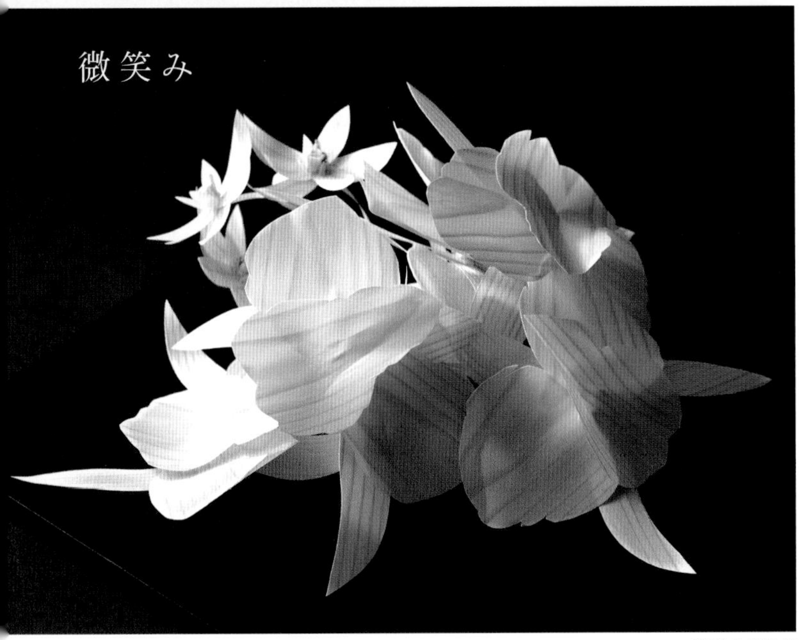

撮影 佐藤貴佳

岩手県・一ノ関市の永泉寺にて。「六器」に経木の花を供える。ご住職の中臣亮啓氏に許可を得て撮影。(2021 年 10 月)

Craft & Flower
VOLUME V
クラフト＆フラワー第5集

CONTENTS

カバー作品：（表1）柴田なな　撮影・増田えみ
（表4）小島万里子
書名カリグラフィー：葛井由起

FLOWER ARRANGEMENT

フラワーアレンジメント

美しい色と瑞々しさに癒されながら
お花のハッピー連鎖を表現したい

子育て中だった私、セレブではない専業主婦の私がプリザーブドフラワーの花材を揃え、
バリエーション豊かなアレンジをご提案したいと思った時、
教室にご参加くださる方々を集めなくてはなりませんでした。
教室で使用するプリザーブドフラワーは値が張るうえ、
アートフラワー（造花）と違い少ロットの購入ができず、箱単位、束単位での購入になるからです。
教室を始めた14年前はひたすら自作のチラシをポスティング。
真夏の暑い盛り、台風の晴れ間、寒風吹きすさぶ冬、粉雪降る中、
地図を見ながら一軒一軒ポスティングしたことは今でも良い思い出になっています。
季節の花を楽しめるフラワーアレンジメントのレッスンは
テクニックを習得することができるのみならず、
美しい花の色、爽やかな香りに癒されることのできる素敵な時間です。
季節や年齢も問わず、習い事として今も昔も人気があります。
生花だけでなくプリザーブドフラワーやアーティフィシャルフラワーへと
アレンジの幅を広げ、幅広い受講者に楽しんでいただいています。
私はプリザーブドフラワーに出会った事で、仕事で素敵な縁に恵まれました。
これからも、ご提案させていただく花のアレンジで
ハッピーの連鎖が表現できるよう、受講者さんに寄り添いながら、
バリエーション豊かな作品を提案する努力を継続してゆきます。

伊藤さゆり
Ito Sayuri
アトリエハーモニクス

市内12カ所で川越市主催の講座を担当の他、リフォーム会社展示会、川越氷川会館、大手旅行会社主催カルチャー教室、高齢者施設カルチャー教室、私立高等学校保護者向けカルチャー教室、公立中学校成人教育学級講座、公益財団法人いきいき埼玉、公益財団法人川越施設管理公社等でアレンジ教室を開催。

日本能力開発協議会プリザーブドフラワー検定1級
エアリーフラワーサロン　インストラクター
HP　https://a-harmonics.com

ちょっとワイルドで可愛いブーケ＆アレンジメント

お友達や家族を励まし、
応援する気持ちを込めて。
友人へのちょっとした
プレゼントにピッタリな
ミニブーケです。

ガーデニングに使うような麻布や麻ひもを使っているので、ちょっとワイルドな感じが出ます。

少女の頃を思い出して

子どもの頃を思い出させてくれるリース。
ナチュラル感ある花材を選んでみました。

ウエスタ川越教室

花のアレンジが大好きなメンバーさん方は、
気遣いのできる心優しい方々ばかりで教室の雰囲気は
穏やかで和気あいあいとしています。

壁掛け＆宝箱のアレンジメント

夢見るような優しい花色を合わせた壁掛けのアレンジメント。白い宝箱の中には素敵な花束を発見！

川越市主催講座

お部屋に置くとステキ！雑貨＆フラワー

ストロベリーやビビッドカラーを使ってアレンジ。花を雑貨にアレンジして飾ると、お部屋が魔法のようにホッと和む空間に変わります。

ウエスタ川越教室で。花の学びを続けていたことから、花卸業・販売会社、ブライダルフラワー専門会社より仕事のお声をかけていただいたこともあります。また、川越市役所と公益財団法人とのご縁ができたことで、多い月で100名程の方にお楽しみいただきました。

庭やテラスにも置けるアレンジメント

元気が出るビタミンカラーの花と木の実を使ったスワッグ。アンティーク調のボックスにナチュラルフラワーをアレンジ。室内だけでなく屋外にも調和する2作です。

クリスマスの季節に

楽しみなシーズンが到来。クリスマスのアレンジメントは年齢層を問わず皆が大好きなレッスンです。

お正月の準備

コロナの時期がやってきて、世の中も暮らしも大きく変わりました。ですが、おひとりおひとりのスキルや個性に寄り添ってゆける心の余裕ができたのは幸いと思っています。ご家族の健康と来年の幸福を祈り、お正月飾りを準備。

小江戸蔵里教室

可愛い花の贈り物

ちょっとしたプレゼントになる花のクラフトも人気アイテムです。ご自身で使ってもよいし、お友達やご家族へプレゼントしてもいいですね。

花のレッスン

今までご提案していなかったアートフラワーのアレンジや、オンライン zoom でのレッスンで、受講者さんにお楽しみいただける機会が増え、新しい広がりも生まれています。

川越市主催講座

FABRIC COUTURE & FLOWER

花とファブリッククチュール

美しく暮らす「アール・ド・ヴィーヴル」の
考え方に魅了されて

祖母や母が育て飾る花に囲まれて育ち、生け花を教えていた曾祖父の影響もあってか、
2002年頃から花仕事に携わるようになりました。
2005年に立ち上げた「ディマンシュ・フラワー＆クラフト」。
前職がインテリア関係だったこともあり、インテリアになじむ花にこだわっており、
シックでニュアンスのある色使い、
インテリアに溶け込む色彩感覚には定評をいただいています。
美しく暮らす「アール・ド・ヴィーヴル」の考え方があるフランスに魅了され、パリに何度となく通って、
現地の有名フローリストから花研修を受け、ステキな布やタッセルとの出会いも。
またパリの街並みから得たインスピレーションなどが原点となり、
ディマンシュらしいスタイルを作り上げるベースとなったような気がします。
花とクラフトが運んできてくれた素晴らしい人たちとの出会い、
たくさんの愛すべき生徒様との出会いに感謝して、
これからも皆さまに元気と癒しを感じていただけたら、こんな幸せなことはないです。

西尾令子
Nishio Reiko

ディマンシュ・フラワー＆クラフト主宰

フラワーデザイナー、クラフトデザイナーとして愛知県刈谷市、名古屋市栄を中心に活躍中。国内外の有名フローリストに師事し、2005年からお花全般とクラフトのレッスンを行っている。アトリエでのレッスン以外にもホテルのカルチャー講座や学校、フラワーイベントなどでの講師を務める。有名デパートでのオリジナル作品販売やホテルロビー、サロンのフラワーディスプレイなども手掛ける。近年はオンラインレッスンや動画レッスンに力を入れ、生徒が全国に広がる。

HP　https://nishioreiko.com
Instagram　dimanche37

撮影／鈴木みどり／西尾令子

ウォールデコ＆ファブリックボックスアレンジ

ニュアンスのある色合いの生地やフランス製リボンをフレームにバランスよく貼り、生地の中の色を使ったお花をぎっしりと立体的にアレンジしました。ファブリックボックスはウォールデコと同じ生地と花材で作っているので、一緒に飾ると統一感が出てステキです。

パンジーの
フレンチシックブーケ

大人っぽい雰囲気のパンジーの花束。ステムには同系色の様々なリボンや毛糸を巻いて、パリのアパルトマンに似合うようなシックなインテリアブーケに仕上げました。

パリスタイルの
モードバッグブーケ

ボルドーカラーのシルクシャンタン生地に、同系色のファーやビーズ付きブレードでオリジナルのバッグを作り、アネモネをアレンジ。パリのモード感あふれるバッグブーケです。

アネモネと
フェザーのブーケ

パリのメルスリーで出会ったフェザーのブレード。お気に入りで大切にとっておいたけど、このアネモネのまわりに豪華にまとわせました。シンプルモードなブーケ。

桜のもこもこリース

桜の花の中にふわふわの毛糸球を忍ばせて、
ピンクのもこもこリースに仕上げました。

パンジーと
スズランのブーケ

可憐なスズランとパンジーのブーケには繊細なアンティークレースのリボンでより優しく可憐なイメージに。

資材協賛　株式会社パレ

春を告げる
イースターバスケットリース

ニュアンスカラーの
ハーフムーンリース

Earth

今、人間たちも大変なように、地球も大変な時なのかもしれない。様々なことを人間に投げかけて、何かに気付かせようとしているのかな…　いつまでも、この先もずっと、美しい海のブルーと森のグリーンが輝く地球であってほしい。

Life Goes On

世の中がすっかり様変わりしてしまっても、この先も人生は続く。真っ白な気持ちで、新しい生き方で、しなやかに、いつの時もどんな時もいたい。そんな願いと祈りを込めて…

ピオニーの ペルメルリース

ふわふわのピオニー(芍薬)リースの真ん中にはカードを挟んで飾れるペルメルが…大切なメッセージをリースに忍ばせて。

資材協賛　株式会社パレ

KLOSTERARBEITEN & GANUTELL

クロスターアルバイテンとガヌテル

日々の想いを繊細なモチーフで創りあげる楽しさ

クロスターアルバイテンとガヌテルはどちらも欧州で生まれた手仕事が始まりです。
繊細な気持ちの表現に適しており、
ご自分のペースで作品づくりを楽しむ方も多くいらっしゃいます。
日々の暮らしで感じたことを様々な技法で表現していく楽しさをお伝えできたら幸いです。

内藤美由紀
Naito Miyuki

東京都在住
アトリエ ル ヴァンヴェール主宰
ヴォーグ学園心斎橋校
ガヌテルフラワー講師
ヴォーグ学園名古屋校
ブリヨンフラワー・
ザルツブルガーゲシェンク講師

NFD 講師資格を取得後、フラワーアレンジメント講師に。その後、木の実の世界に魅了される。ゲシェンク、ブリヨンフラワー、ガヌテルフラワーのデュプロマを取得。
木の実のワイヤリングに集中する時間、ブリヨンで新しい花を作る豊かな時間、糸をよる無心になれる時間、フレッシュな花に触れてパワーをもらえる時間。それぞれの楽しさ、作る喜び、手間暇をかけた作品が完成した時の満足感を多くの方々に知っていただき、今だからこそ自分の時間を大切に、木の実や花々に癒されていただければと思います。

Email　m.yuki_n0612@i.softbank.jp

杉本小百合
Sugimoto Sayuri

リスの杜　主宰
長野県在住

標高 1,100 mを超える自宅の庭で舞い落ちる木の実をリスのように拾い集め、2011 年からリース作りを始めました。
2014 年から西京子先生に師事し、ブリヨンフラワー、ガヌテルフラワーのディプロマを取得。
現在、自宅の庭に咲く花々や山野草を皆さんに紹介したく、作製中です。
2018 年深雪アートフラワー師範資格を取得後、日本の色彩豊かな絹糸で作ったガヌテルフラワーと日本の伝統工芸品とのコラボレーションにも挑戦しています。
これからも、日本を表現した『ジャパンガヌテル®』も紹介できればと思います。

URL　https://www.aqua-geox.jp/kankyou.html

馬場嘉余子
Baba Kayoko

2014 年より
BAA ブリヨンアートアカデミー
西京子先生に師事。
広島在住

普段はメーカーに勤務し、趣味としてガヌテルなどの手工芸を楽しんでいます。旅行が好きで旅先の土産店や小物のショップで出会ったモチーフを使い、作品を作っています。私の作品のテーマは "Cute & Elegant" 旅で出会った人や風景を思い出しながら、上品さと可愛らしさの世界観が溢れるよう表現しています。アイディアがカタチになるモノづくりにワクワクが止まらないのはメーカー勤務だからかもしれません。時間を忘れて手仕事に没頭し集中している瞬間が一番好きな時間です。仕事だけでなく趣味の手工芸が人生を豊かにしてくれています。

作品撮影　岸副正樹
撮影協力　マエダハウジング　M・Reno モデルルーム
インスタグラム　k.baba_j アトリエ K　ベル・フルール

Crystal of Snow 雪の結晶

Merry Christmas メリークリスマス

Fulgente
煌めく

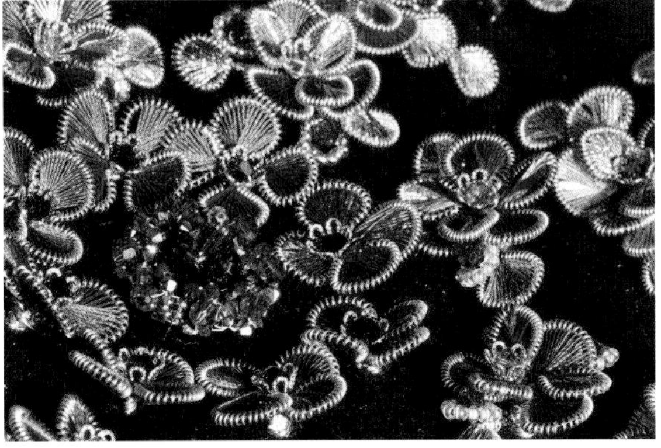

Caleidoscopio
万華鏡

兼六の春

ガヌテルの『山桜』と深雪アートフラワーの技法で『葉』と『枝』を作りコラボレーションした作品です。額には、兼六園の『ことじ灯籠』と兼六園に咲く清楚な旭桜『山桜』で、「兼六園の春」を表現しました。

縦 45.5　横 36.5　奥行 8.5㎝

桜

国花である『桜』の花びらを表現したく、新たな技法にて作成した作品です。額には、『桜に雪輪』柄の『帯』と『漆板』で「和」を表現しました。

縦 53.5 横 32.5 奥行 14cm

Marie Antoinette
マリー・アントワネット

マリーが手にしているのはロサ・ケンティフォリアという100枚の花びらという意味を持つ花弁が豊かなオールドローズ。薔薇をたくさん使って華麗さと優雅さを表現しました。

Cinderella
シンデレラ

神戸旅行で見つけた馬車のモチーフを使い、ブルーの花のアーチはシンデレラのドレスをイメージしました。花びらの外側のシルバーの縁取りでエレガントに仕上げました。

The rose of St.Theresa
テレーザの薔薇

カナダ、モントリオールのノートルダム大聖堂で出会った聖テレーザの像。「私は死んだら薔薇の雨を降らせます」という言葉を残し、24歳という若さで亡くなったフランスの修道女テレーザ。優しく慈愛に満ち、多くの人に愛されたそうで、たくさんの薔薇で飾りました。

Maple Angel from Montreal
かえでの天使
〜モントリオール〜

カナダ、ケベックシティとナイアガラを結ぶメープル街道の燃え立つような朱色や黄色の美しい景色を思い出して制作しました。

CARTONNAGE & CALLIGRAPHY

カルトナージュ&カリグラフィー

『手』から産まれる技術を大切に
繊細で美しい世界を伝えたい

洋裁や手仕事をする母と書道講師をしていた祖母の影響を受け、
物作りと文字を書くことが大好きな幼少時代を過ごす。
繊維メーカー退職後にカルトナージュとカリグラフィーのレッスンに通う中、
2つの世界に魅了され、作品作りだけではなく繊細で美しい世界を伝えてゆきたい
という想いからアトリエを立ち上げ現在に至る。
教室ではメーカー勤務時代に培った糸や生地、生地染色などの専門的な知識を活かし、
総合的に魅力ある作品を仕上げるためのオリジナルのカリキュラムとテクニックを提案。
いろいろなことが何でもすぐにできてしまう時代だからこそ
『手』から産まれる技術を大切に、
生徒の皆さまに『好きなものに囲まれて暮らす幸せ』を感じていただける教室を目指しています。

葛井由起
Katsui Yuki

Atelier Neige
(アトリエネイジュ) 代表

兵庫県宝塚市自宅を中心にカルトナージュ・カリグラフィー教室を主宰。
2009年よりアトリエミラボー北野三希代氏に師事。
自宅教室の他に、大阪・豊中市、吹田市、池田市、大阪市、兵庫・神戸市でカルチャースクールを開講。カルトナージュでは百貨店・ホテル・カルチャースクール等で講師を務めるほか、近年は百貨店での販売を行う。
カリグラフィーでは講師活動、イベントでのワークショップやディプロマ筆耕やオーダーメイドの受注を行っている。

文部科学省後援　硬筆書写技能検定1級、毛筆書写技能検定2級取得
日本手芸普及協会 カリグラフィー部門 師範会員
Filamy Tassel & Home Decoration　タッセル　プティアソルティーコース取得

HP　https://www.atelier-neige.com
BLOG　https://ameblo.jp/atelierneige/
Instagram　https://www.instagram.com/atelier.neige.40/

丸箱の魅力

シンプルに見えて正確さと精密さを求められる丸箱。凛と佇む姿は存在感と惹きつける力があり、曲線のフォルムの美しさは永遠のテーマともいえる魅力が詰まっています。

カルトナージュの世界へようこそ

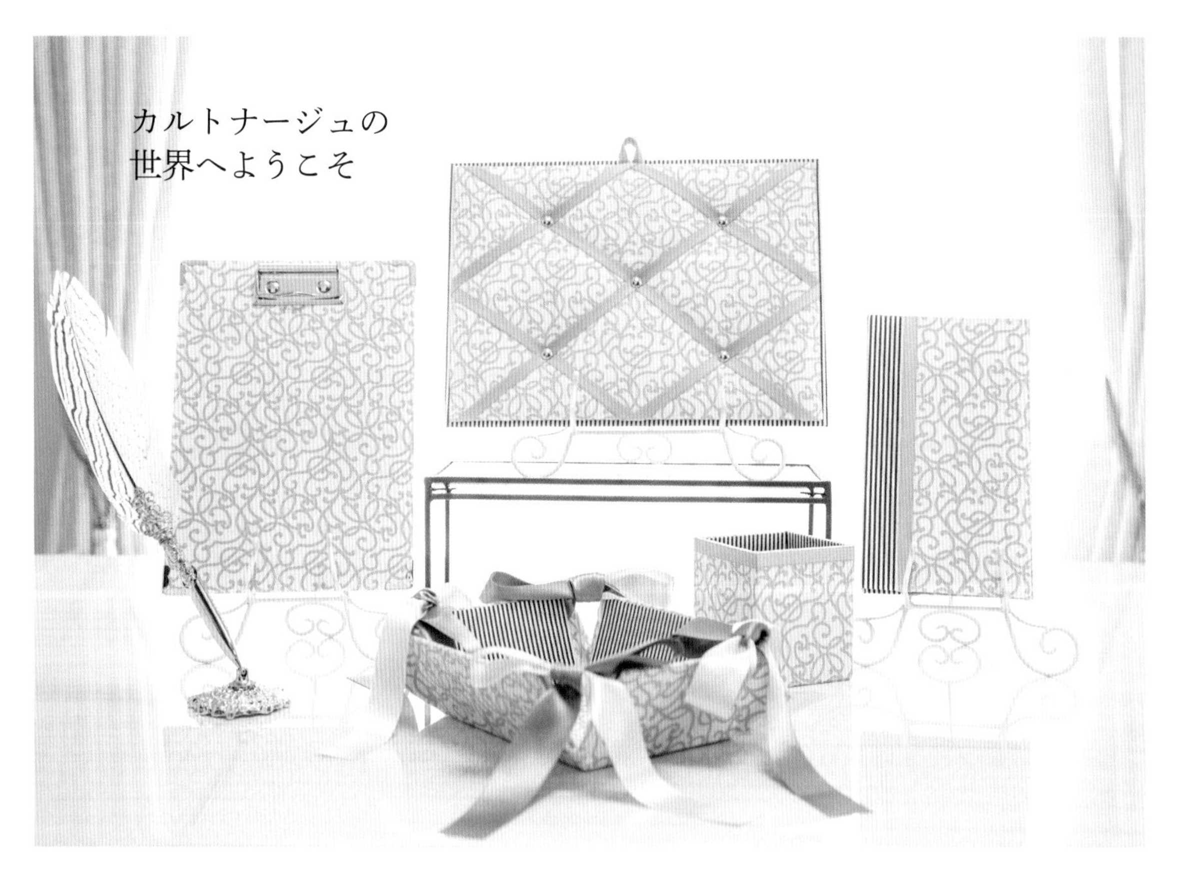

リボントレイ

４隅をリボン結びにするとトレイになります。２個３個と作ってみたくなる作品の１つ。
今回はリボンを２色、パール系を使用してさらに華やかさを持たせてみました。

ペールメールとカードケース

フランス語でごちゃまぜ、まぜまぜ、と訳されるペールメール。リボンの間にメモやメッセージカードなどを挟んで壁掛けにすればインテリアに最適です。迷子になりがちなカード類はケースに入れて保存をすると便利により使いやすく。

ペンスタンド

毎日使うものこそお気に入りを。ペンスタンドは普段使いにも、お道具入れにも大活躍。ここでは Atelier Neige の初級で作る課題をご紹介しました。基本を丁寧に習得する事ができ、実用的な作品をトータルコーディネートできる事も楽しみの１つです。

カルトナージュ×カリグラフィー

レッスンの間のティーブレイク。蓋を開けると紅茶のカプセル専用ボックスから選ぶフレーバーティーはどれにしようか迷ってしまいそう。透明の窓にはカリグラフィーのメッセージ。
～優雅なティータイムを楽しみましょう～

タッセル収納箱

数多くのタッセルを美しく魅せるオリジナル収納箱もカルトナージュならではのアイテム。生地の柄を活かした、オリエンタルな家具のように重厚な雰囲気。扉を開けば制作時に使用する糸やハサミをすぐに取り出せる小さな引き出しも付いた自分だけの収納箱＆プチお道具入れに。

和モダンの装いの重箱

ピーコック柄とサーモンピンクの組み合わせのお重がスタイリッシュに上質な空間を演出。気心知れたお友達とのパーティには、こだわりのお重にお気に入りのスイーツでさりげなくおもてなしをすれば、より一層優雅で贅沢な時間に。

午後のティータイム

小ぶりのサービストレイとホックで組み立てが利くトレイは、準備も簡単で突然のお客様もスマートにお迎えします。

カルトナージュ仕立ての フレームたち

クールな紙仕立ての フレーム

日本でも大流行のモダンカリグラフィーで大切な言葉を連ねてみる。周囲は革風の製本クロスをつかって紙のフレームで。
〜意思あるところに道はひらける〜

ヨーロピアンスタイルには シャビーなマットを添えて

真っ白なオーバルのフレームには大切なポストカードを飾ってみたい。カードの周りはグレイッシュで落ち着いたトーンのマットで設えて。

透明な額とカリグラフィー

アクリル板にモダンカリグラフィーで一言添えてみる。フレームサイズもお気に入りの絵も自分流に仕立てて。透明感と上品さを兼ね備え、ふんわりとやさしく存在するフレームはお部屋のインテリアにさりげなく寄り添います。

カリグラフィーのお道具入れ

ペンや筆、絵の具、インクボトル。使うお道具に高低差のあるカリグラフィー。
使い込んだ大切なお道具にはシックで上品な装いが似合います。
用途別の引き出しを全部出してどんどん使ってみても、お片づけは全てが1つの箱の中へスマートに収納。それぞれの居場所をしっかり作ることで使う楽しみも倍増します。

Atelier Neigeの認定講師・教室　SALON LIST

Marumoto Tomomi
丸本恭未
教室所在地：大阪府岸和田市
教室名：Salon de Elais
（サロンドゥイリアス）
HP　https://www.salon-de-elais.com/

Nakahigashi Nobuko
中東信子
教室所在地：大阪市西区
教室名：Atelier Artisan
（アトリエ　アルチザン）
Email　atelierartisan 723@gmail.com

PRESERVED FLOWER

プリザーブド フラワー

大切な人への感謝

「大切な人への感謝」の気持ちを大切にしています。
フラワーアレンジを渡す方から渡される方の気持ち、ディスプレイする場所など
[illegible]を最大限想像し、
そのテーマにあった作品を作るようにしています。

お花は一輪飾るだけでその場が明るくなり、幸せな気持ちにさせてくれます。
お花から与えられる数多くの安らぎ・癒し、生花では表現できない、
新しい世界をプリザーブドフラワーで作り上げていければうれしいです。

作品を作れることの喜び、またそれを展示・発表できる場を
提供してくださる人々、人生を通して出会う人々に
感謝しています。
いつもありがとう。

南埜智子
Minamino Tomoko

Atelier Cheri 主宰

フロールエバープリザーブドフラワーコンテスト最優秀賞　コロンビア賞受賞
株式会社ノムラプリザーブドフラワーコンテスト金賞　京都市長賞２年連続受賞
異人館プリザーブドフラワー優秀賞２位受賞
その他フラワーコンテスト入賞歴多数

HP　http://www.atelier-cheri.com
Instagram　https://www.instagram.com/tomokominamino/
Blog　https://ameblo.jp/atelier-cheri/

祈り　第７回異人館プリザーブドフラワーコンテスト
スコッチ東京堂賞　受賞

地中花　第8回異人館プリザーブドフラワーコンテスト
アンナサッカ賞　受賞

湖面に映るオーロラ　第24回　日本の美術
東京　上野の森美術館　展示

Tea time　2019　京の花物語　プリザーブドフラワーコンテスト
フリースタイル部門　金賞　　京都市長賞　受賞

Happy Spring　2018　京の花物語　プリザーブドフラワーコンテスト
ブーケ部門　金賞　　京都市長賞　受賞

安らぎのティータイム

Tea time in peace

第15回フロールエバーウェブコンテスト
コンテストテーマ：『住まい＆プリザ』入選

シューズ

情熱の泉

1 大きめのランタンを用意し、ミニチュアハウスを作成する。

2 プリザーブドフラワーを用意する。

3 ハウス内に木を植えるため、底板を用意。木が生える場所に穴をあけておく。

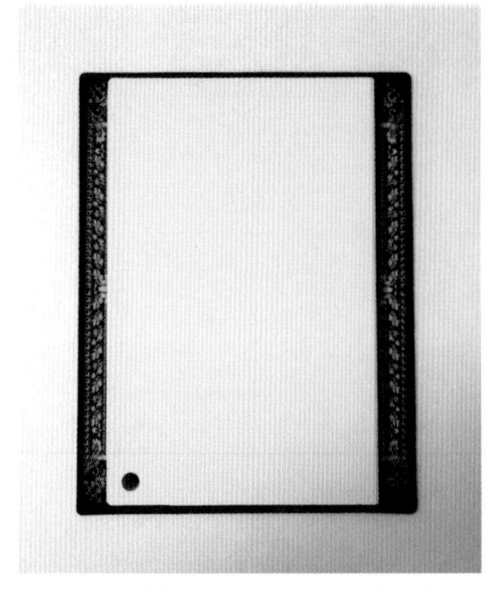

4 底板の上にマットを敷くため、余分なところをカットする。

5 組み立てる。ミニチュアハウス内の木を適度にカット。

6 ランタンの背面に漆喰の壁を作る。航空ベニア板をカットし、漆喰を塗る。

7 お好みで窓等を作り、底板と背面を固定する。

8 ワイヤーと木工用ボンドを使い、プリザーブドフラワーをマットや木に固定する。

ミモザリースは、#24の茶色ワイヤーをツルに見立てる。

100円均一等で購入できるミニチュア花瓶にリボンを付け、花を生ける。

ミニチュアハウス『お花に囲まれた空間』

キャビネットとカップ等の食器は神戸北野にある異人館「うろこの家」のショップで購入。花がある事が当たり前ではなく、大事な空間だということを表現しました。

RIBBON ROSE

リボンローズ

針も糸も使わず作り上げる薔薇
リボンローズは、魔法の花

リボンという平面のものが立体的な薔薇に……
一輪一輪手作業で生みだすリボンローズは女性がときめく組み合わせ。
「リボン＝結び」を意味し、1本のリボンを途切れずに巻いて作るリボンローズは
縁起も良いアイテム。
本物の薔薇と見間違えるほどのフォルムにこだわるリボンローズ。
枯れない花に散らない想いをこめて……
大切な人へのお祝いに、
記念の贈り物にふさわしいクオリティを追求した作品をご覧ください。

和田愛
Wada Ai

RIBBON LOVERS
日本リボンローズ協会
代表

幼いころから友人にプレゼントする時は自身でラッピングを行うなど、包装紙やリボンを扱うのが大好き。二十歳を超え、ラッピング資格の取得をきっかけにリボンローズに魅了され独自で追及していたことがきっかけで2012年「ブライダル・ウエディングアクセサリー RIBBON LOVERS」を設立。結婚式のアイテムを中心にオーダーメイド作品の販売を行う。また近年の手づくりブームをきっかけにレッスンも開講。2013年「日本リボンローズ協会」を設立。大阪をメインに活動しながら東京・名古屋での定期講座、認定講師の活躍の場も増え、ヴォーグ学園・よみうり文化センター・NHK文化センター・JEUGIAカルチャーセンター・リビングカルチャー倶楽部・近鉄文化サロン等レッスンを開講。

Aアトリエ：大阪府大東市
RIBBON LOVERS　http://www.ribbonlovers.com/

河村佳世
Kawamura Kayo

日本リボンローズ協会
専任講師

子供時代から自分でラッピングすることが好きで、社会人になってから習い事としてラッピングの資格を取得。その際に代表和田と出会う。その後インテリア関連の仕事をきっかけに色彩の資格も取得。宝石業界での商品製作も経験。RIBBON LOVERSを設立後、リボンローズのレッスン部門を任され日本リボンローズ協会専任講師として講習・認定講師輩出の活動に従事。理論的にリボンローズのフォルム解読できるスキルは代表以上の実力を持つ。
またRIBBONLOVERS所属の製作者の一人として作品製作・販売活動も行う。

Kアトリエ：大阪市都島区
Blog　https://ribbonlovers.wordpress.com/
日本リボンローズ協会　https://www.ribbon-rose.com/

Orange　目に入るだけで元気をもらえるオレンジ色。
POP で躍動感あるオールリボンのタワーケーキ。

Lavender

おとぎ話をイメージしたフラワーリースは
リボンローズをたっぷり敷き詰めて。

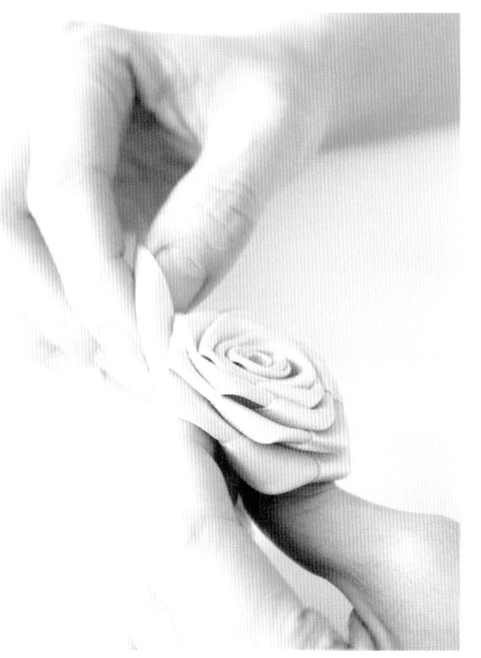

Transform

1本のリボンから
薔薇の花が生まれる様子は
まるでマジックのよう。

Pale green

新緑の爽やかさを感じるアレンジは
リボンの特徴を生かし
ふんわりした蝶とリボンローズを
あしらって…

Celebration

門出の贈り物に…
縁起の良さを兼ね備えた
リボンローズの華やかさを添えて。

Antique 「二人の絆を永遠に結ぶ」という意味のこめられたリングピロー。
リボンローズを敷き詰めたピローは、螺旋フリルで上品かつゴージャスに。

Wedding

女性が輝く晴れ舞台に…
大小様々なリボンの薔薇で
多彩なヘアアレンジを楽しんで。

Natural chic

人気のナチュラルリースにはシャビーグレーのローズと
ボリュームたっぷりのグリーンを合わせて。

日本リボンローズ協会 SALON LIST

2013年11月設立。リボンローズ（通称：巻き薔薇）の講座開催、認定講師資格（ディプロマ）の発行、認定講師の育成・指導、企業向け出張講座の開催などリボンローズの魅力を多くの人に知ってもらう活動を行っている。現在認定講師は約50名、全国各地でレッスンを開講。

日本リボンローズ協会　http://www.ribbon-rose.com/　　RIBBON LOVERS　http://www.ribbonlovers.com/

Miyamoto Kimiko
宮本紀美子
Lune Lumiere
（リュヌ ルミエール）
東京都杉並区
Email：lune.lumiere.ciel@gmail.com
Instagram：usa.usakichi/

Yoshida Tomoyo
吉田朋代
Studio Thavasa
（スタジオ タバサ）
東京都江東区
HP：http://studiothavasa.wordpress.com
Email：t_thavasa@yahoo.co.jp

Kakuda Keiko
角田恵子
リボンハウスK.K（ケイ ケイ）
神奈川県横浜市都筑区
HP：https://ribbonhouse.net/
E-mail：ribbonhouses.k.k@docomo.ne.jp

Arai Harumi
新井治美
Balloon Shop Kukka
（バルーン ショップ クッカ）
埼玉県秩父市
HP：bs-kukka.jimdo.com
Email：kukka@uspot.jp

Tagawa Shizuka
田川静香
Atelier Hanamomo
（アトリエ ハナモモ）
埼玉県さいたま市
Email：s.tagawa0609@gmail.com

Ozaki Rika
尾崎りか
静岡県熱海市
Email：ozaki3035@yahoo.co.jp

Ohno Ai
大野愛
Ribbon　Mimi（リボン ミミ）
岐阜県岐阜市
E-mail：ribbonmimi2020@gmail.com

Hayashi Mika
林 美佳
リボンローズ教室 Pink Parfait
（ピンクパルフェ）
愛知県豊田市
Email:pinkparfaitrose@gmail.com

Kokubu Yumi
国分由美
RibbonRose Yumi ブランド
大阪府八尾市
Instagram：ribbonroseyumi.burando

Takemura Chiharu
竹村千春
Atelier TiTi（アトリエティティ）
兵庫県伊丹市
HP：http://atelier-titi.jimdofree.com/
Instagram：ribbon_titi

Tanaka Terumi
田中照美
bel fiore（ベルフィオーレ）
大阪府大阪市平野区
Email：ap.trm04@gmail.com

Nakai Junko
中井順子
pure magic（ピュアマジック）
大阪府大阪市住吉区
Email:junpupie@gmail.com

Maezawa Rika
前澤梨花
Birne Aroma（ビルネアロマ）
兵庫県宝塚市逆瀬台
HP：http://birnearoma.com/

Maruo Kayo
丸尾香代
リボンローズ教室 梅香（ウメカ）
大阪府吹田市
Email：syun1230.moyu1021@icloud.com

Yamanaka Takako
山中貴子
Lien eternel（リアン エテルネル）
大阪府大阪市都島区
HP：https://lien-eternel.com/ribbonrose
Email：info@lien-eternel.com

Kawaguchi Nami
河口奈美
coffret a bijoux
（コフレ ア ビジュー）
兵庫県丹波篠山市
Instagram：coffret_a_bijoux2019
Email：coffret.a.bijoux2019@gmail.com

Yakura Mika
矢倉実佳
Pétale rouge MIKA
（ペタルルージュ ミカ）
兵庫県神戸市
Instagram：https://www.instagram.com/petale_rouge
Email：mik.yakura@gmail.com

Nojima Yumi
野島由美
Rgrace（アールグレイス）
奈良県奈良市
Email：yumickey0717@gmail.com

Yamamoto Jun
山本純
アトリエ Canna cloop
（カンナ クループ）
滋賀県近江八幡市
Blog：https://ameblo.jp/natuhajimama
Instagram：canna_cloop

Yamasaki Michiyo
山﨑道代
リボンローズ教室 Lien（リアン）
和歌山県和歌山市
Email：m.r19650129@gmail.com

Amemiya Toyoko
雨宮豊子
ChouChou Ribbon
（シュシュ リボン）
福岡県福岡市東区
Email：chouchou2020ohana@gmail.com
Instagram：chouchou_ribbon2020

Ayano
AYANO
ENVY ROSE（エンヴィ ローズ）
福岡県福岡市中央区
Email：envyrose111@gmail.com

FLOWER ARRANGEMENT

フラワーアレンジメント

花にふれる楽しみ、表現の面白さを大自然の中で

大好きな自然に囲まれて、
自宅に併設した小さなアトリエで制作活動をしています。
プリザーブドフラワーに加えアーティフィシャルフラワー、
ドライフラワーをシーンやテーマに合わせて用いることで、デザインの幅が拡がります。
様々な色合い・質感を組み合わせ、時には柔らかくナチュラルに、
時には幻想的に、自然の風景のような表情のある作品作りを心がけています。
自宅アトリエでは、ウェディングのマンツーマンレッスンや、２～３名の少人数のレッスンを行います。
基礎的な技術の習得だけでなく、花に触れる楽しみ、様々な素材や色を重ねることでの
表現の面白さを味わっていただけるように工夫しております。

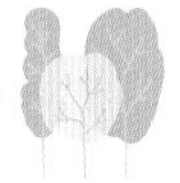

松原真理子 *Matsubara Mariko*
haco garden design

1979年　鹿児島県出水郡長島町生まれ
大阪芸術大学　環境デザイン学科卒業後、個人住宅を主に扱う大阪市内の設計施工会社に入社。住宅や店舗の設計やデザイン、現場施工管理と幅広く担当。住宅設計の中で、庭の暮らしへの役割や重要性に惹かれ、関西・中部圏を中心にガーデンプランナーとしての経験を積む。植物に触れる楽しみ、空間を彩る楽しさを提案する中でプリザーブドフラワーと出逢う。
2013年、haco garden design 立ち上げと同時に AUBE プリザーブドフラワーのディプロマ資格を取得。
現在は、生まれ故郷鹿児島県の長島町にて、フリーランスのガーデンプランナーとして、個人及び企業向けのガーデンのデザインや、設計施工メンテナンスを手がける。
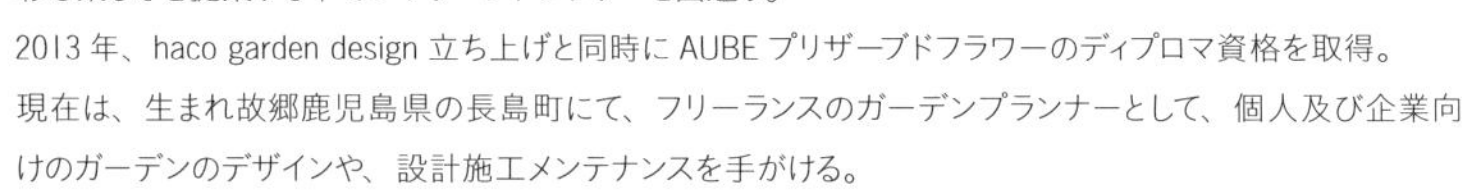
また、ガーデンに関する講演活動、プリザーブドフラワーアレンジ、その他ワークショップや教室にて講師活動を行う。年間の受講者数は約300名。2021年3月より全国で活躍するデザイナーやクリエイターで構成される team OKONOMIYAKI に所属。

一級造園施工管理技士、一級土木施工管理技士、メディカルハーブセラピスト
2016年　第42回 AUBE プリザーブドフラワーコンテスト優秀賞受賞
2019年　第48回 AUBE プリザーブドフラワーコンテスト最優秀賞受賞

Facebook　https://www.facebook.com/haco.garden.design/
Instagram　@haco_garden_design　@haco_flowerdesign　@teamokonomiyaki_20210331
HP　https://mrkcup0511.wixsite.com/haco-garden-design
メール　haco.gardendesign@gmail.com

ロワゾー ブルー
青い鳥

童話の「青い鳥」チルチルとミチルが、どれだけ探してもどこにもいなかった青い鳥。
けれど実は、自宅の家で飼っていた鳥こそが青い鳥だった。という結末。
きっとその青い鳥は、庭からの光の入る窓辺のバードゲージの中で心地良くさえずりを聴かせてくれていたのかな。

ルシェノン
くさりの環

深い色合いのバラの花々に添って這い伸びてゆくような棘は、今も伸び続けるような動きを意識しました。シンプルなテーブルに、パッと目を引く印象的なアレンジメントを。

ドゥスヴニール
懐かしい思い出

幼いころ、野原で摘んだ花の記憶をリースに詰め込みました。やさしくて、あたたかい陽だまりの中で、誰かを想って花摘みをした、そんな懐かしい記憶はドライフラワーの雰囲気が良く合います。

ユール デテ
夏時間

太陽の光をいっぱいにうけて、夏を告げる花々が店頭に並び始めました。色とりどりの花々に爽快感を添えて、壁に飾れば夏時間の始まりです。

ベル セゾン
晩秋の晴れた日

晩秋の花々は、深い色深い香りを纏います。晴れた日の昼下がりのティータイムにお友達と花を楽しみながら暖かくして過ごします。

ル プランタン エタリヴェ
春がやってきた

待ちわびた春。庭の花はとても色鮮やかで、わくわくしてしまいます。様々な花をアレンジするときは、色合わせだけでなく質感を大切にしています。アネモネはアーティフィシャルフラワーを使用。

ロジエル ドゥ ボーテ
美しいバラ

フレームの中に、春のうららかな陽気で楽しむバラの庭を表現しました。
ピンクをメインに様々なバラ等を配することで毎日見る度に、新しい表情を見せてくれます。

第 48 回 AUBE　プリザーブドフラワーコンテスト
最優秀作品賞　受賞作

ロドゥールデュ プランタン

春の香

上品で清楚な色合い。香しい花をいっぱいにフレームに配しています。
「離れていても、心はそばにいるよ。」という思いを込めて生まれた作品です。

ウェディングブーケ

ウェディングブーケは、プリザーブドフラワー、ドライフラワー、アーティフィシャルフラワーの特性を活かすことで表現の幅が拡がります。花嫁様、おひとりおひとりに合わせてオーダーメイドでおつくりしております。

ポルテ ボヌール
幸せを運ぶ

これから訪れる幸せを願い、その思いをバスケットいっぱいに詰め込んで贈り物にしました。

フルール オン レーヴ
夢見る花たち

息子が、大好きなおばあちゃんのために野の花をいっぱいに摘んで届けに行きます。笑顔がほころぶ瞬間を想像して、花たちもうれしそうです。

HAPPY ROSE DAY

2021年にコロナ渦で結成されたクリエイター集団「team OKONOMIYAKI」に所属して作品作りをしています。こちらはその活動のなかで一番最初に生み出した作品です。

team OKONOMIYAKI コラボ作品
装　花——松原真理子
書道家——桑原英里
写真家——高畠泰志

PAPER FLOWER

ペーパー フラワー

ビーズやレースを組み合わせ
“オンリーワン”を作り出す楽しさを伝えたい

ペーパーフラワー「フラージュ」とは、
花型に切り込みのあるフラージュペーパーを、
本物のお花のように立体的に花びらを咲かせていくクラフトです。
素材は紙なので、とても軽くて扱いやすく、
仕上げにコーティング剤を塗布するので、
大変丈夫で、気軽にアクセサリーやインテリア小物制作が楽しめます。
お花の大きさ、種類、カラーも豊富で、
自分で色付けもできるので、好みの色合わせを楽しみながら、
オンリーワンをつくることもできます。
ビーズクロッシェ、ワイヤークロッシェ、タティングレース、
バテンレース、チェインメイルなど、
他のクラフトとの相性も良く、
アイデア次第でそれぞれの楽しみ方も無限に広がります。

よねはらみか
Yonehara Mika

Amica Design Room 主宰
横浜市在住

作りたいものが見つかるお教室として、横浜での活動も 12 年になります。ペーパーフラワー「フラージュ」をはじめ、「ユリシスドンネデコ」、楽習フォーラム認定「ジュエリークロッシェ」「ワイヤーアクセサリー」、日本ヴォーグ社認定「フレンチメゾンデコール」「フレンチインテリア茶箱」など、さまざまなディプロマを取得。最近では、「パールセッティングマシンリベリーノ®」、「Enfermer（アンフェルメ）ラグジュアリーレジン」の認定インストラクターにもなり、作品の幅を広げております。自宅アトリエレッスンの他、弥生台 TRYBOX にて、毎月ワークショップを開催し、多くの方に楽しんで頂いております。また、戸塚モディ、OPA でのワークショップイベントにも参加し、手作りの楽しみをお伝えする活動に力を入れております。

HP　http://www.amica-design-room.com/

素材が紙と思えないクオリティーの
キャスケードブーケ

タティングレースモチーフと
組み合わせたネックレス

幸せを呼ぶ馬蹄形の壁飾り

タティングレースモチーフとの
組み合わせ

ビーズクロッシェとの
組み合わせ

ワイヤークロッシェとの
組み合わせ

ドラゴンブレスの色合いに合わせて色付け

別名メキシカンオパールとも呼ばれるガラスのカボション、ドラゴンブレスを使っています。

ダリヤのお花

絞りシルクリボンとの
組み合わせ

バテンレースブローチとの
組み合わせ

色合わせを楽しむ
フレーム飾り

絞りシルクリボン、グルージュエリー、
ビーズ刺繍との組み合わせを楽しむフレーム飾り

CALLIGRAPHY

カリグラフィー

子どもの頃から細かい作業が好きで
楽しい時間が、今につながっています

カリグラフィーで書く文字の美しさに魅了され、
将来、一人娘のウェディングペーパーアイテムを手掛けることを目標に
トラディショナルカリグラフィーのレッスンに通い始めたのがきっかけです。
以降、その魅力に惹かれ続け、カリグラファーを目指すようになりました。
現在も、銀座ポロンコレクションクラブにて、技術を磨いています。
アルファベットの他に、カリグラフィーの技法による
平筆を使って描く装飾・フローラルデザインを得意とします。
一方、カルトナージュとの出会いは、香港在住時に友人とレッスンを受けたのが始まりです。
趣味として続けていましたが、
帰国後、基礎から学び直し、講師資格を取得しました。
幼少期から、細かい作業が好きで、モノを作る時間が楽しく夢中になっていました。
得意なこと、夢中になれることがあると、毎日が楽しく充実します。
文字を書いたり、作品を作ったり、
楽しい時間を多くの皆様と一緒に過ごせることをとても幸せに感じます。

山崎清美
Yamazaki Kiyomi

Atelier Jun
（アトリエジュン）主宰

千葉・幕張にて、カリグラフィーとカルトナージュの教室 Atelier Jun（アトリエジュン）を主宰。2014 年より、カリグラファー・笠原りんこ先生に師事。トラディショナルカリグラフィーのレッスンを開講し、技術伝承に従事。また、ウェディングアイテムやサロンロゴなどのオーダー制作も受注。カルトナージュは、「可愛いを作る」をコンセプトに、小物やインテリア雑貨を制作し、レッスン・作品販売を行う。

一般社団法人日本ライフスタイル・ビズ　代表理事
2021 年4月に協会を設立し、講師の育成と起業支援を目的とした活動をしています。また、地域と連携し、市内コミュニティセンターなどにおいて、講座やイベントを企画・開催しています。

HP　https://www.atelierjun.net
Blog　https://ameblo.jp/atelier-jun630

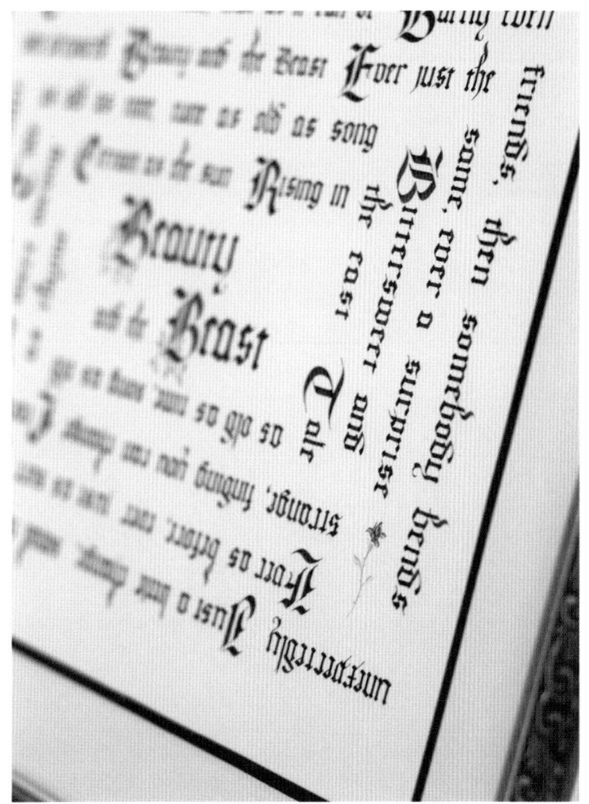

Lyrics

「美女と野獣」の歌詞をゴシック書体で書きました。垂直なラインが多く、文字が整然と並ぶゴシック特有の美しさも、外側から中心に向かって書くことで、また違った面白さがあります。歌詞の途中に、物語のカギとなるバラの花を描きました。中心のタイトルは、歌詞の最後のフレーズになります。頭文字にゴールドの装飾を描き、よりクラシカルに。

50th Anniversary

金婚式のお祝いボードです。幸せがずっと続くよう願いを込めて、永遠を意味するリースを描きました。カリグラフィー専用のペン先の特徴を活かし、文字をグラデーションにすることができます。
リースの中心には、たくさんのバラで「50」の花文字を描きました。文字と同じく、花びら１枚１枚も美しいグラデーションになっています。

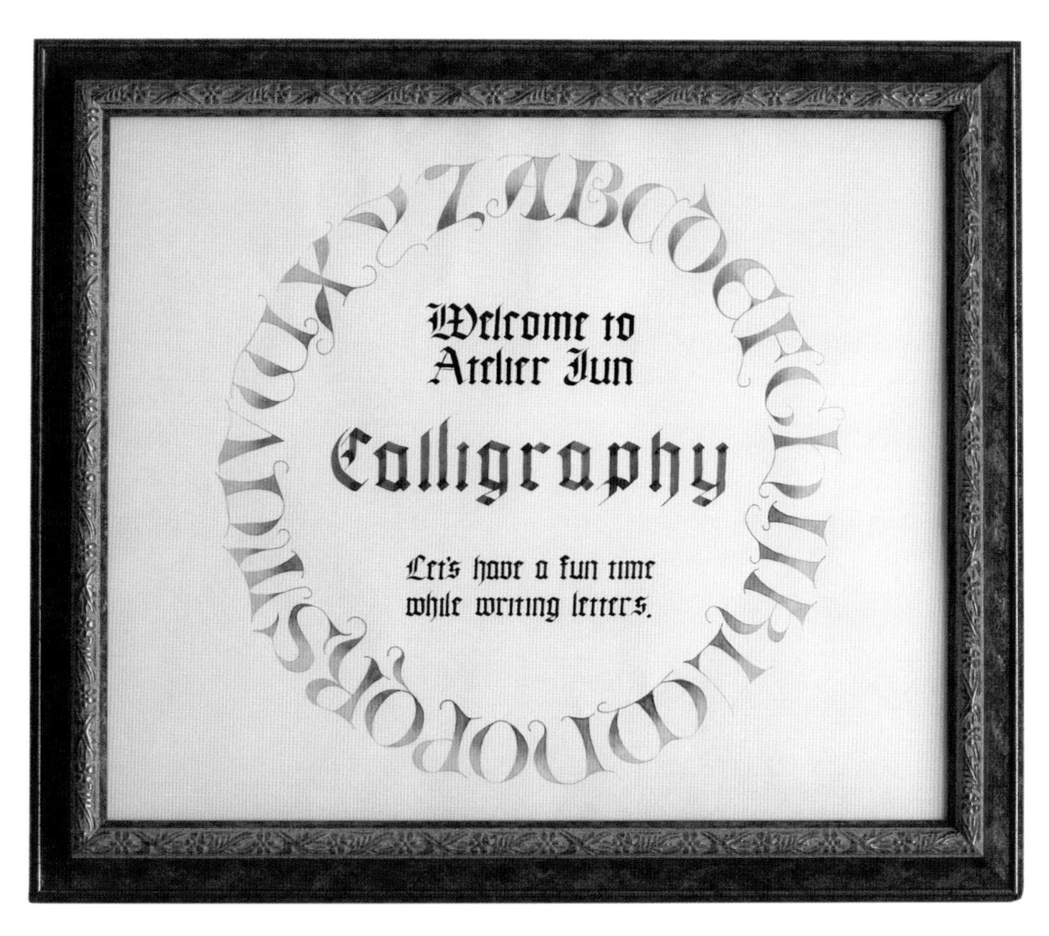

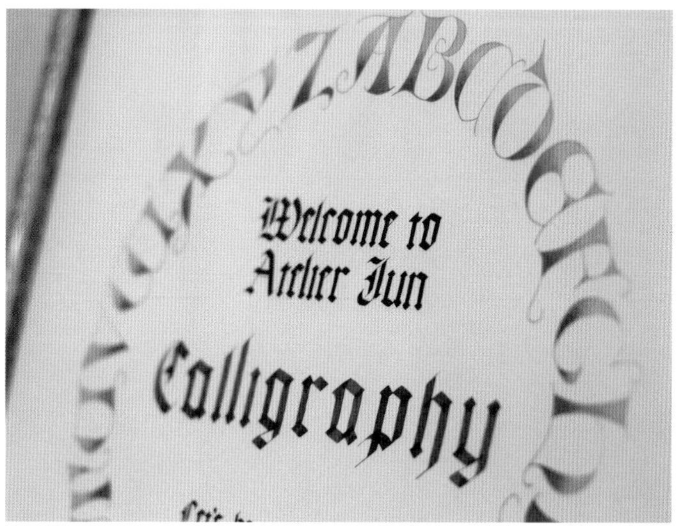

Welcome to
Atelier Jun

ロンバーディック書体で、アルファベットをサークル状に描きました。
この書体は、１文字ずつ形を作り、色を加えていくことで完成し、文字の色や模様のチョイスによって、違う表情を見せてくれます。
ブルーのグラデーションと、ブラックの文字。今までのキュートなアトリエジュンとは、少し違った新たなステージの幕開けです。

Welcome to our Wedding

結婚式やパーティーなどのウェルカムスペースで、ゲストをお迎えするためのウェルカムボードです。会場の装飾、ドレスやブーケなどに合わせて、文字の色を変えたり、平筆による装飾を描いたりします。カルトナージュでウェディングケーキを制作しました。

Lovely poodle

娘のバースデープレゼントに添えたメッセージカードです。アウトラインをイタリック書体で書き、大好きなプードルのぬいぐるみをかたどりました。耳･尻尾･リボンも同じペン先を使って描いています。耳と尻尾は、優しい色使いで、たくさんの小花を描き、ふわふわ感を表現しています。

Sunshine

いつも明るく、元気いっぱいの友人へのメッセージカード。中心の文字は、周りの人に愛と幸せをもたらす太陽をイメージして。その周りには、たくさんの人が集うように豊かな緑が広がっています。

Graduation

卒業を祝って、これからの人生が素晴らしいものになりますよう、願いを込めて。学び舎を巣立つお子さんに贈るメッセージです。

Congratulations

結婚10周年のお祝いに。タイトルのアンシャル書体は、丸く可愛いらしい文字ですが、深紅で落ち着いた雰囲気に仕上げました。メッセージは、カッパープレート書体で。装飾のバラも同じペン先で描いています。

Floral Design

文字と、花・葉・蔦などを組み合わせたカード作り。平筆を使ったワンストローク技法により、花びらや葉を1枚1枚描いていきます。

いろいろな筆を使い、植物やリボンなどを描きます。インクは、多色を使うことで、オリジナルの色や美しいグラデーションを作り出します。

いろいろな
書体を楽しむ

上から、カッパープレート、イタリック、アンシャル、ゴシック書体です。それぞれの文字の特徴を活かした作品作りを楽しむことができます。

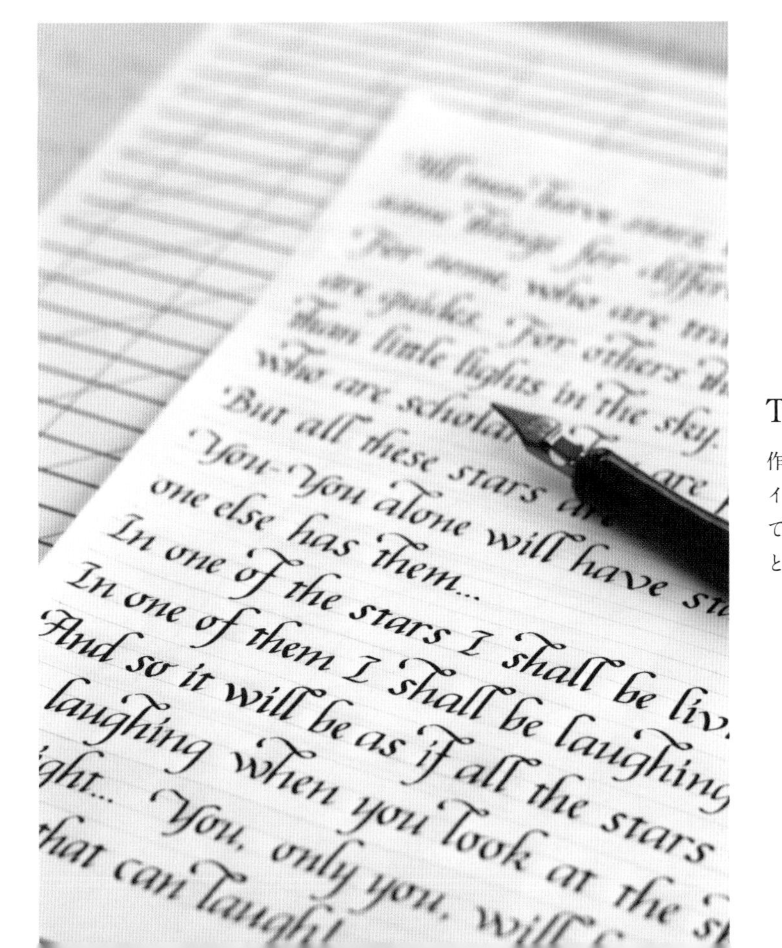

Traditional Technique

作品のレイアウトが決まったら、ガイドラインを引きます。文字の傾斜や高さを揃えて、美しく仕上げるためには、この作業がとても重要な役割を果たします。

BOTANICAL ART
ボタニカルアート

自然が生み出す造形美を
観る人の心が穏やかになるように描く

私たちのまわりにある自然の世界に浸り無心に絵を描く。
それだけで素晴らしい事です。
ボタニカルアートでは、まず第一に花や葉の形、花弁の枚数、雌雄の蕊、
花の咲き方、萼、茎、トゲ、実など、植物の特徴をよく観察します。
すると色彩や構造の微妙な美しさに気づき、その造形の不思議さに心打たれます。
植物と対話し、自然の生み出した造形美を発見し、花の美しい姿を残すこと。
それがボタニカルアートの醍醐味です。
植物をご自分で育てることもモチーフに対する理解を深めるために大事なこと。
そして描くときには、絵を観る人の心が穏やかになるようにと心掛けます。

小島万里子 *Kojima Mariko*

日本ボタニカルアート協会会員

静岡県富士市出身（奉天生まれ）。太田洋愛氏、二口善雄氏に師事。佐藤広喜氏にも指導を受ける。第1回国立科学博物館植物画コンクールで文部大臣賞受賞（1985年・昭和60年、ガマズミ）。日本ボタニカルアート展に第16回から毎年出品。平成13年ふるさと年賀状（フクジュソウ）。シャーリー・シャーウッドコレクション食器絵柄（バラ、イチゴ）。1997年～2013年藤沢さいか屋バラ展に出品。2016年 Kew Gardens/Flora Japonica Exhibition 出品。藤沢バラ会、ジャパンハーブソサエティ会員、東アジア野生植物研究会（主宰：森和男）会員。作品は鎌倉市鎌倉文学館（バラ「鎌倉」）、宮崎県立総合博物館（ミクリ、アサザ）、神奈川県松田町自然館（松田の鳥と植物）、HUNT Library（米国ピッツバーグ、パフィオペディルム）、The Shirley Sherwood コレクション（バラ、イチゴ）に収蔵されている。

日本橋三越カルチャーサロン、湘南美術アカデミー、静岡新聞カルチャー教室パルシェ校講師。1998年に「小島万里子のボタニカルアート通信教育講座」開講（日本ヴォーグ社）。

小さなラン

原種に近いランの花をヒロインターナショナルから購入しました。
小さくて可愛いものばかりです。

チューリップ
ユリ科

庭に100本植えてみました。
次々に咲く花を描いて楽しい作画が出来あがりました。

パッションフルーツ
トケイソウ科

ベランダの鉢植えに実がなりました。
花もすばらしいけれど実の色の変化も
面白い。早速、描く事にしました。

テッセン
キンポウゲ科

庭のへいにツルを伸ばし、
いつの間にかひっそりと花
を咲かせていました。

ミニバラ　バラ科　大月啓伸さん作出の「藤桜」

バラ　バラ科　ハイブリットティローズ

ひいらぎ　モチノキ科

木の実　いろいろ

FLOWER ARRANGEMENT

フラワーアレンジメント

気持ちに寄り添い、個性を表現
唯一無二のフラワーアレンジメントを

atelier Mon では、感性やインスピレーションを大切にした制作を行っています。
例えばオーダーをいただく際には、既存のものではなくお客様の気になっているお色味や形やイメージ、そして飾る場所や目的などについてお伺いしてから、デザインを構築していきます。お客様のきっかけや背景などのストーリーから求めるものを盛り込んでいく様に、レッスンやワークショップでもお客様それぞれのお気持ちに沿った活けかたやデザインを叶えることで、ご自分の作品として満足して気持ちよく過ごしていただける様にしています。個々にどの花材をどこにどの様にしていきたいかご意見を伺いながら、アドバイスやご提案をさせていただいております。そのため当アトリエでは、グループレッスンでも一人として同じ作品はありません。作品も制作も作り手同様に唯一無二で、それぞれ個性を感じられるものである様に心がけています。
お客様から他にはないアトリエであると感じていただける様、今までもこれからも大切に引き継いでまいりたいと思います。

高橋美代子

Takahashi Miyoko

atelier Mon 主宰

埼玉県戸田市生まれ。米国ヴァージニア州立ジョージメイスン大学コミュニケーション学部卒業。国内大手航空会社に就職後、PR会社へ転職。夫の駐在を機に退職し、家族でベルギーへ渡る。駐在先のアントワープでフラワーアレンジメント+アートの世界に出会う。現地にてフラワーアレンジメントアドバンスコースを修了し、帰国後自宅アトリエにて感性に重点をおいたレッスンやワークショップおよび製作を行う。過去には、カルフォルニアざくろ協会へ作品提供、旧monotory（横浜、ASOBONO内）オフィシャルアーティストとしてワークショップ開催、国内展示会（京都府清水寺・横浜赤レンガ倉庫）および海外展示会（フランス、クロ・リュセ城）にも参加。現在その凱旋作品は、埼玉県戸田市長室控えの間に展示中。今後も自宅アトリエでの活動の傍ら、フラワー+アートの世界を通じて引き続き海外出展を予定しており、その他出版活動や都内を中心とした大型のいけこみにも取り組んでいる。

E-mail　miyobon1121@gmail.com
HP　ateliermon.net

Ancient Majestic

年末年始を迎えるスワッグ。クリスマスとお正月飾りとして、年末から年始を通して飾れる和モダンスタイルに。クリスマスを感じられるもみの木や、新年への願いを込め、幸福が飛んでくる胡蝶蘭や飛躍を表す羽などを合わせて構成。全体的にゴールドを基調として、「富」「繁栄」「成功」を象徴したデザインとなっています。

Holy & Sacred

神聖なるクリスマスシーズンをイメージしたリース。静かで厳かな季節の中でも目に見えない変化と巡る生命の移り変わりを表現。死と再生が繰り返される営みを、色や質感から感じられるよう花材を組み合わせています。

Exotic Magic

魅惑で神秘を感じる色彩。南国の鳥たちが戯れミラクルを呼び込んでくれるようなニュアンスデザイン。ターコイズブルーや赤紫のコントラストが珍しく、羽を思わせる形状が特徴的となっています。

Golden Green Compass

新しい門出に相応しいデザイン。優しく淡い若草色の花材に、清潔感の漂うホワイトや豊かさを象徴するゴールドをバランスよく散らして立体感をだし、外側に突き出した金の細い葉がまるで羅針の様に正しい方向に導いてくれるよう願いを込めて…

Yellow Wild Fortune

毎日玄関やリビングから見守るウェルカムフラワー。野草のようにのびのびと自由に咲き乱れる花たちをイメージしてアレンジ。黄色のさまざまな花材を使って、人々に明るく幸運をもたらしてくれるように願いを込めて…

Moonlight Secret Miracle

優しい青アジサイに繊細な小花や草花がささやきかけるような月夜の花畑に、ふんわり舞い降りた一枚の羽… これから起きる素敵な出来事を暗示させてくれます。

Antique Glamour

ロココ調スタイルからインスピレーションを受けたデザイン。ロマンチックでアンティークな草花の美しさが味わえ、回転させると変化するアングルごとに違った花材やデザインを楽しむ事ができます。

燻錆風美
くんじゃくふうび

日本人の中で引き継がれる美しい感性や真っすぐな魂を大事にしたいと思っています。目に見えないところで、輪廻･花鳥風月･武士道･大和魂･燻銀・侘びさびなどの概念が、風に乗って時代から時代へと運ばれていく。ゆっくりと360度回転してみると、空中に竜の様にのぼっていく姿がダイナミックに見えてきます。

Blooms in adversity
逆境に咲く

Covid-19による世界規模の危機。人類は困惑と不安の中で前例のない物事にも敬意を払い、受け入れ、理解と協力と決断を迫られ、新たな生活スタイルを模索し適応しようとしています。それを同じ命ある草花に例え、普段土から解き放たれることのない草花たち（＝生命体）が、自分の意志で未知なる世界に這い出し、逆境をくぐり抜け、美しく自由に咲き乱れる世界を創造してみました。狭く縛りのあるスパイラルの空洞を抜け出て、あらゆる種類の草花（＝生命体）と融合し、調和を取る形で共存し進化を遂げる理想郷を表現しました。

FABRIC CRAFTS
ファブリッククラフト

カフェミナージュで
日常生活の中に笑顔が溢れますように

カフェミナージュとは「CafeMi＋カルトナージュ」の造語で、カルトナージュ風インテリアデコレーションのこと。既製品に好みの生地やリボンを飾る、針と糸を使わない神戸発祥のクラフトです。
使うシーンに合わせて好みの生地やリボン等の資材を選び、世界にひとつだけのオリジナル雑貨を作ります。シリーズ雑貨として複数の作品を制作し、統一感のあるインテリア雑貨として愛用できるところが人気の秘密です。
自称不器用な女性の方々が〝できる喜び〟を体感し、人生観が変わることもしばしば。作る楽しさや面白さ、出来上がる喜びに加えて、「より安全に楽しめるように」と環境に配慮されたオリジナル資材〝低VOC材料接着資材〟が2021年6月にリリースされ、社会貢献もできるクラフトに生まれ変わりました。
ご自身が過ごす空間を快適に、そしてより自分好みにと追及することで、日常生活の中でおのずと笑顔が溢れる機会が増えること間違いなしです。生涯の趣味として楽しむことが叶うクラフト、始めてみませんか？

北林貴子
Kitabayashi Takako

Chérie Brosse
（シェリブロッセ）代表
カフェミナージュ
シュペリエル講師

大阪府箕面市在住。2015年9月、神戸市のサロンカフェミナージュ®本校 CafeMi Mondeで認定指導講師資格取得（旧No.0043）。お裁縫が苦手でも可愛い雑貨作りを楽しめることに魅了され、2017年3月末25年間の会社員生活に終止符を打ちカフェミナージュ®講師として活動を開始。箕面市内自宅教室 Chérie Brosseをオープンし、百貨店等企業様主催イベント出展、カルチャースクール（梅田・天王寺・神戸三宮）、高齢者施設様向け手芸講座等でレッスンを開講。受講生は6年間で800名以上、認定指導講師26名輩出。自称不器用な女性の方々に“生涯楽しめる趣味”として、作る楽しみと喜びをお伝えしている。

HP　https://www.cheriebrosse.com/（「北林貴子」で検索）
Instagram　https://www.instagram.com/cheriebrosse/
Blog　https://ameblo.jp/moncafe1313/
Web Shop　https://cheriebrosse.official.ec

撮影：A-style 五十嵐明貴子

Living

カーペットクリーナー、ハンディモップ、
ティッシュボックス、置き時計等リビングで使う
雑貨を同じ生地で制作するシリーズ雑貨を
ご提案しています。
お揃いの雑貨は統一感があり豪華さも。
日常使いの雑貨たちにインテリア性を
追求することが叶います。

Stationary

2019年開催第3回「こんなものカフェミナージュ®
しちゃいましたコンテスト」第2位入賞雑貨。
丸いフォルムをデコレーションしたら
“マカロン”に見えたことから
“朱肉マカロン”と名付けました。
大切な書類に印鑑を押す機会がある限り、
朱肉マカロンを必要とする方々に
ぜひご愛用いただきたいステーショナリーです。
開業祝いギフトとしても喜ばれています。

On the Desk

無機質な雑貨が多いデスク周りを心地
よいプライベート空間に。デスクワークの際に
カフェミナージュ® 雑貨を置くことで、
ホッとできる空間の演出と
皆さんの癒しツールになることを
ご提案しています。

ヘアブラシ
Chérie Brosse®

シェリブロッセはフランス語を使った造語で
「愛しいブラシ」「可愛いブラシ」という意味です。
布でデコレーションを施したヘアブラシへの
想いが募り Chérie Brosse と名付けました。
～毎日使うヘアブラシを、大切に使って欲しい～
使うたびに優しい気持ちになれるツールとして、
ご愛用していただくことが私の願いです。

Dress Up

出掛ける前の身支度スペースは、1日のスタートとして大切な場所ではないでしょうか。
そこには大好きな色や模様の生地で作ったお気に入りのシリーズ雑貨がお似合いです。
“毎日眺めて温かい気持ちになり、使って元気になれる”
そんなカフェミナージュ®雑貨に囲まれてみませんか？

オリジナル
テキスタイルの布雑貨

ランダムに散りばめられたドット柄（シャワードット）に魅了され、オリジナル生地シャワードット柄（濃紺＆ベージュ）をリリース。生徒さんにも人気ある待望のボタニカル柄をホワイトベースで試作。クラフト用として販売するだけでなく、レッスンバッグやノートPCも入るマルチバッグ等布雑貨商品の開発にも取り組んでいます。オリジナル生地は、ブランド名称Jolie Macaron（ジョリーマカロン）として商標登録しています。

Issie（いっしー）
プロジェクトに協力

「いっしー®プロジェクト」は東日本大震災で職を失った東北のママたちに〝自宅で出来る仕事を届けたい〟と株式会社ヤングナイト代表取締役木村弥生さんが2014年2月に立ち上げたプロジェクト。現在は仙台、石巻、気仙沼の3チームで約20名の作り手が制作を担っています。いっしーと名付けられた馬のぬいぐるみにデコレーションを施すワークショップやレッスンが開催出来る認定講師制度があり、コンセプトに共感した講師が2022年3月末現在全国に約300名います。

ロンドンの展示会へ出展

2019 年 7 月 23 日～ 7 月 27 日
"A Bridge to JAPANESE ART"
Menier Gallery（イギリス・ロンドン）

英国王立美術家協会（RBA）審査員の方々から、
「生地の調達ではなく、デザインに力を注いでみては」
とのアドバイスを受け、
小規模事業者持続化補助金の補助事業として
同年 12 月に試作をしたのが
オリジナル生地制作の始まりです。

作品タイトル
"Bonne Journée"「素敵な 1 日を」

第 29 回 国際平和美術展へ出展

2021 年 7 月 6 日～ 7 月 10 日
第 29 回国際平和美術展（国内展）
東京芸術劇場展示ギャラリー 1、2

2021 年 10 月 19 日～ 10 月 22 日
第 29 回国際平和美術展（海外展）
カーネギー・ホール内
レスニックエデュケーションウイング
（アメリカ・ニューヨーク）

作品タイトル
"Casual tous les jours, un peu de bonheur"
「何気ない日常 ささやかな幸せ」

廃盤になったボタニカル柄の生地復刻に取り組み、
平和への祈りを込めた〝白い生地〟で作品を出展しました。

CHRISTAL ART

クリスタルアート®

身近に溶け込む「ファッション＆アート」を
自身の世界観で表現し創作する活動が「クリスタルアート」

4歳のころから絵画教室に通わせてもらうこと19年間……
短大ではファッションを学びました。
自身の世界観を表現した絵画を発表していくことに加えて、
「ファッション＆アート」のコンセプトを軸に、
生活に身近に溶け込む雑貨などにもデザインを落とし込み、
ブランドコンセプトである「クリスタルアート®」独自の世界観を表現しています。
ファッションの深み・アートの深み・創作の深みの厚さを
よりボリュームあるものにしていくため、日々努力しています。
また私の作品を手に取っていただくお客様に
少しでも喜んでいただけるよう心をこめて制作してまいります。
お客様のご要望により沿った、様々なモチーフへの挑戦、
オーダーメイドも製作しております。
委託販売先様、デザインのご依頼に合わせ、魅せ方やデザインを変化させる事も、
日々の仕事のなかで魅力を感じていることの一つです。
私が立ち上げたクリスタルアートの世界を
様々な角度からお楽しみ頂けたら幸いです。

堀田真澄
Hotta Masumi

アトリエ・
クリスタルアート主宰

愛犬・愛ネコ・生き物達の手描き似顔絵やチャーム製作、その他のオーダーメイドもお気軽にお問い合わせください。

オリジナルブランド　@christal_art
パンダデザイン専用　@pandadesign_ch
HP　cristal-art.com

※「クリスタルアート」は登録商標を取得しています。

Botanical

水彩画で描いたボタニカルのイラストをシルクやウールにプリント。クリスタルアートが得意とする植物モチーフをファッションでも取り入れて楽しめます。

「ハチドリのいる庭」

「SAKURA」

「ミモザと鳥かご」

「鷺とストレチア」

和名でゴクラクチョウカともいわれているストレチア。初夏に向けて咲き、そのフォルムもまた素晴らしく、サギのくちばしにその形がリンクしたことから水彩画で描きデザインしてみました。

Art in your Life

ファッションアイテムの展開のほかにもインテリアの一部アイテムにもプリントを施します。生活空間でもアートを楽しんでほしいです。

「Brave (navy)」

グロリオサというお花のデザイン。
この花の花言葉は「勇敢」です。
華やかですが、ちょっとクールな
デザインに仕上げてみました。

「Brave」

コロナ禍で展開をスタートしたデザインマスク、
スカーフとリンクさせたコーディネート。

Lovely Animal Family

「Lovely Family」

「Lovely giraffe family」

「Lovely elephant family」

「Lovely panda family」

Enjoy coloring

「ベニテンキャット」

「ジャドール キノコ」

毒キノコやキノコをデザインしたシリーズ。
色がきれいで美しいほどその毒も強いキノコ。
様々なアイテムで展開しています。

「Lovely panda family」
リボンスカーフ

「キツツキのいる庭」
スツール＆ラグマット

「森のシャンデリア」

Lazy charm

自然の秋冬に広がるアンニュイな色相が大好きです。シャンデリアモチーフに食虫植物やキノコを絡めて、秋冬のシルクスカーフに仕上げました。

「ラフレシアと食虫植物」

花は直径 90 cm 程にも達し、「世界最大の花」と言われているラフレシア。その独特なフォルは食虫植物同様、とても個性的でデザインでもかなりインパクトがあります。

「ダリアの華(red)」

クリスタルアートの秋冬柄で発売当初からご好評いただいているダリアの華をモチーフにしたシルクスカーフデザイン。形が牡丹に似ていることから、和名では「天竺牡丹（テンジクボタン）」と呼ばれています。大胆に、あの優美で存在感のある美しい花姿。身にまとって様々な表情で楽しめます。

Special Artist Interview —— 丹羽恵子 *Niwa Keiko*

花（フラワー）と美術（アート）の融合

フラワーアーティストとして活動を続ける丹羽恵子さんは数々の国内大会、世界大会で受賞、バイタリティーあふれる創作活動で繊細かつ優美な作品を次々と生み出し、国際的に高い評価を得ています。フラワー（花）とアート（美術）を融合させる活動はどのように始まったのか、また活動のベースにある体験や信条についてお話を伺いました。

丹羽恵子さん
フラワーサロンケイコ主宰

——丹羽先生、この度は「クラフト＆フラワー」のためにお時間をいただきまして本当にありがとうございます。丹羽先生の作品はとても繊細、色彩やフォルムも印象的です。花を活けることとアートを融合させたフラワーアーティストとしての活動がどのように始まったのかお伺いできますでしょうか。

絵を描くように

以前、ある教育者から「絵を描くようにお花を活けてくれませんか？」という依頼があり、趣味で絵を描いていた私にはとても簡単で楽しそうに思われ快く承諾したのです。子供対象の塾のロビーという空間の設定は更に興味深いものでした。その安易な承諾から始まったフラワーアーティストの道のりは、実際のところ奇想天外な苦難の連続でした。ですが、このことにより、「器用貧乏」というコンプレックスで動き出せなかった自分の毎日が激変し、頭の中ではハチの巣をつついた様に、作品創りの為の色々なアイデアを生み出しはじめ、時間があれば常に作品創りの方法を模索するという日常になりました。

一週間内に作品を完成させる、というスパンは目に入る全てのものをヒントにデザインにつなげる事となります。当時、お花の名前さえ知らなかった私は自分に一日３軒のお花屋を回るという任務を課し、花図鑑に印をつけながら名前から覚えていくことからはじめました。「絵を描くようにお花を活ける」為には、様々なテクニックを必要とすることを思い知らされる結果となり、まずは技術の習得からスタートすることになりました。今から思うと、検定試験に向けて必死で取り組んだ頃も懐かしく楽しい思い出となっています。疲労骨折に気付かなかったというエピソードさえ楽しい思い出になっています。

——丹羽先生の花パフォーマンスからはお人柄と努力家の一面が伝わり印象的です。作品制作で大事なことはどのようなことと思われていますか。

空間をデザイン

スタートから作品にテーマを持たせる事がデザインする上での必須でした。コンテストにチャレンジするようになり、コンテストのテーマに合った作品を創ることに専念しました。この時から私は作品にタイトルをつけるようになりました。私の作品はコンセプトを大切にし、その内面と語り合いながら制作していくものとなりました。この時も、作品創りには「絵を描くように」空間をデザインします。空間の使い方がデザインには本当に大切な要素だと思っています。

——丹羽先生のアート（作品）とパフォーマンスの連動は高い評価を得ていますね。“パフォーマンス”についてお考えをお話くださいますか。

パフォーマンスは私の作品の延長線に存在すると思っています。広い空間（ステージ）、時間という条件が加わったとき、言葉の説明によるものより、音楽に合わせて制作工程をライブで楽しんでいただきたい。と思うようになりました。コンテストに出展するためにアイルランドに行ったとき、会場と一体化されたパフォーマンスが開催され、皆がお花を楽しんでいる光景に感動しました。この時の気持ちをいつか私

京都　高台寺“十牛庵”にて

Profile

2013年の日本フラワーデザイン大賞オブジェ部門優勝、文部科学大臣賞をはじめ、2014年アイルランドで開催の第11回WAFA世界大会ケルト部門世界第三位など、数々の大会で受賞。名古屋市のランの館、ミッドランドスクエア、レクサスショールームにて「丹羽恵子花作品展」を開催するなど、多彩に活躍。2016年に写真集「丹羽恵子花作品集 ホライゾン」を出版。（フォーシーズンスプレス刊）　ショーメ、マイセン、ニナリッチなどのジュエリーや、伝統磁器マイセンなど様々な分野とのコラボレーション、名古屋港水族館におけるパフォーマンス、ピアニスト三舩優子氏とのコラボレーション、大阪ラフェットひらまつにて音楽とのパフォーマンス、京都高台寺「十牛庵」にて和の空間とのコラボレーションなど、お花の新しい世界に挑戦。令和元年「創造者たち」発刊記念にて金沢21世紀美術館に作品展示、アブダビに作品出展、イギリスのMINERVA会員としてマル・ギャラリーズに出展。
「モダン空間にお花を」というコンセプトを掲げ、アートの世界にも挑戦しながら、花の優しさや素晴らしさを伝える。「空間花彩人」フラワーサロンケイコ主宰。ＮＨＫ文化センターでも「煌めきのフラワーレッスン」講師として、生花、プリザーブド、アーティフィシャルなど様々な花材を用いたフラワーデザインが学べるクラスを開講。丁寧な指導のレッスンが人気。独自テキストによるレッスンにてフラワーアーティストとして大切な技術習得ができ、ディプロマの取得も可能。

撮影　Andy Boon
HP　http://hanasaijin.jp　　Email　mniwa.h8@gmail.com

名古屋港水族館 「プレミアムフライデー」パフォーマンス

自身で実現してみたい、ということが夢となりました。不思議なことに、水族館、世界的ピアニスト三舩優子さんとのデイナーショー、200名ほどのホール、京都のお庭に囲まれた能の舞台などが次々と私に提供されました。夢の実現のために、私は空間に合った音楽の選曲、衣装、制作工程作業のショー化など夢中になって創りあげました。京都のイベントではお花の作品を通して日本文化の良さを皆様に伝えたいと思う様になりました。

——お姿が目に浮かびます。丹羽先生の作品には鳥をテーマとしたものが多くありますね。

地中・地上から空へ

「翔」という作品は高層ビルのガラス張りの空間に展示した作品ですが、ガラス越しの空に飛び立つ鳥たちをイメージしたものとなりました。この時から地中、地上のパワーが空に続いていくような夢への表現に鳥を使うようになりました。

金沢21世紀美術館に新元号記念の作品「曙」に於いては時代の移り変わる瞬間を不死鳥によって表現いたしました。

「不死鳥」は東北大震災の10年目の記念展示作品となります。この作品は自分の気持の解放が織り込まれていて私にとって、とても大切な作品です。

京都　高台寺“十牛庵”

——最後に、これからの活動の方向をお聞かせください。

日本の色彩を世界に

振り返ってみるとお花の作品を通して、私自身が一番お花に育てて頂いたと思っています。自分の気持ちをお花に込めることはとても楽しい作業です。今後の夢は私の大好きな日本の着物の色彩を、お花を使って表現することで、日本文化の素晴らしさを伝えていきたいと思っています。「都会のモダン空間にお花を」をコンセプトに、空間に広がる色彩の世界を創り上げたいと思っています。

もう一つの夢は、もともと子供達にご覧いただく為にスタートしたお花の道ですので、これからはお花の素晴らしさ、優しさを子供たちに伝えながら、私も一緒に学んでいきたいと思っています。

——丹羽先生、これからの活動、とても楽しみにしています。お話と素晴らしい作品を本当にありがとうございました。

（取材2021年9月）

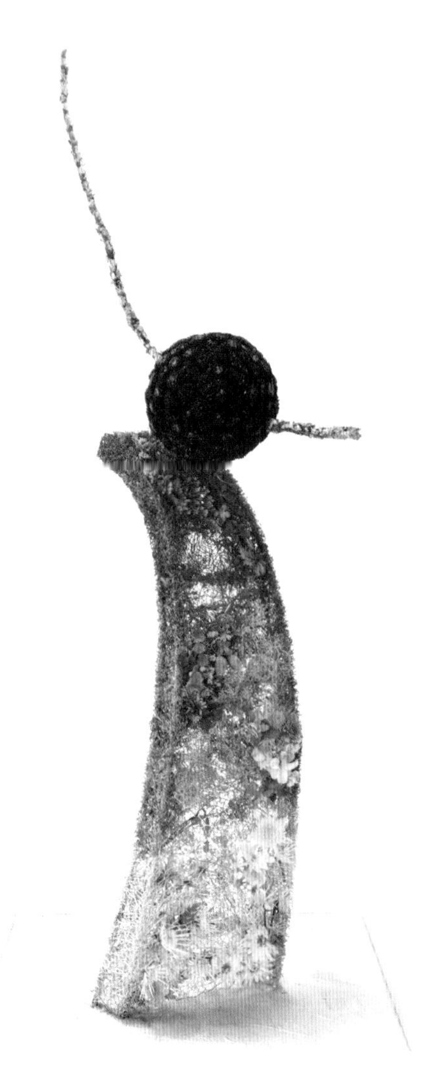

「舞」

「翔」

「不死鳥」

名古屋　東別院にて

INDEX

フラワーアレンジメント …………………… 伊藤さゆり

撮影　伊藤さゆり

美しさが長く続くプリザーブドフラワー、アートフラワーでのアレンジメントのレッスンは、アレンジのテクニックを習得することができるのみならず、美しい花の色に癒されることのできる素敵な時間です。仕事や家事、子育て、介護などで忙しい方に、生花のアレンジの様に水を変えたり与えたりする手間がないので、気軽にお部屋に飾っていただけるのも人気の理由です。教室を14年間継続でき、毎月多くの受講者さんに恵まれたのは、市民講座を主催する川越市役所や公益財団法人との素敵な縁ができたおかげだと思っています。これからも、素敵なご縁大切にしてゆき、多くの方々にアレンジを楽しんでいただけるよう努力してゆきます。　（伊藤さゆり）

花とファブリッククチュール ……………… 西尾令子

撮影　鈴木みどり／西尾令子

アーティフィシャルやプリザーブドのフラワーとファブリックの相性はとても良いと思います。何度も訪れたパリのモンマルトル。そこで出会った美しい生地やタッセル、パリのメルスリー（手芸屋さん）で出会ったリボンやブレードなどをお花に組み合わせることでオリジナリティにあふれるオシャレでモード感のある作品が生まれます。本格的なカルトナージュの技法でお花の器を作ることもありますが、もっと気軽に空き箱を利用して布を貼ったり、身近な毛糸を使ったり、自由に楽しんでいただけたら嬉しいです。今回の作品Earthでは、コロナ禍での医療従事者に感謝を伝えるカラー、ブルーを使用しました。　（西尾令子）

クロスターアルバイテンとガヌテル
………… 内藤美由紀　杉本小百合　馬場嘉余子

クロスターアルバイテンはオーストリアを中心とした地域に伝わる伝統工芸。クロスターは修道院、アルバイテンは手仕事を意味します。金銀の特殊なワイヤーやパール、ビーズ等を使い祭壇や宗教画を飾ったのが始まりです。繊細で煌びやかな装飾は天国への畏敬の気持ちを表していると言われています。ガヌテルは地中海に浮かぶ島、マルタ島に古くから伝わる伝統工芸です。ワイヤーとサテン糸をスピンドルというツールで撚り合わせてカラーワイヤーを作り、さまざまな花を作ります。明るい地中海の島を思わせるカラフルで華やかな色彩の作品を作ることができます。　（西京子）

カルトナージュ＆カリグラフィー ………… 葛井由起

撮影　川尻博巳

厚紙（カルトン /carton）から由来します。その厚紙（カルトン）を好みの大きさに切り、組み立てた箱に美しい布や紙を貼り仕立てるフランスの伝統手工芸。18世紀頃に南仏で蚕や繭を入れるために作られたものが始まりとも言われ、後に貼るだけではなく箱に装飾を施し布箱や紙箱はより美しく発展してゆきます。現在では様々なお気に入りの素材をセレクトし、インテリアから小物までライフスタイルに合わせオーダーメイド制作できることが人気のお稽古となっています。　（葛井由起）

INDEX

プリザーブドフラワー ……………………… 南埜智子

祈り／地中花／湖面に映るオーロラ／Tea Time／Happy Spring／安らぎのティータイム／シューズ／情熱の泉（48-55）
Let's Try：「お花に囲まれた空間」ランタンで作るミニチュアハウス（56-57）

撮影　南埜智子

プリザーブドフラワーとは、生花を加工し水をあたえなくても長期間楽しめるお花です。加工後の特徴は、お花のみずみずしさを保ち、生花のような自然な仕上がりになっています。また色を着色するため自然界にはない色のお花も楽しめます。アレンジメントの際にお水を気にしなくて良いため、生花とは異なるアレンジメントも可能になります。（南埜智子）

リボンローズ ………………………… 和田愛　河村佳世

Orange／Lavender／Transform／Pale green／Celebration／Antique／Wedding／Natural chic（58-64）
日本リボンローズ協会認定講師紹介（65）

撮影　和田愛

１本のリボンを折り巻いて作るリボンローズはリボン素材をメインに、他にも畳へりやレザー・紙材など様々なアイテムを使って幅広いアレンジを楽しむことが出来ます。シンプルな作業で生み出されるからこそ、スキルを高めることで本物の薔薇のような美しさも追求できる魅力あふれるアイテムになるでしょう。（和田愛）

フラワーアレンジメント ………………… 松原真理子

ロワゾ― ブルー 青い鳥／ル シェノン くさりの環／ドゥ スヴニール 懐かしい思い出／ユール デテ 夏時間／ベル セゾン 晩秋の晴れた日／ル プランタン エタリヴェ 春がやってきた／ロジエル ドゥ ボーテ 美しいバラ／ロドゥール デュ プランタン 春の香／ウェディングブーケ／ポルテ ボヌール 幸せを運ぶ／フルール オン レーヴ 夢見る花たち／HAPPY ROSE DAY（66-73）

撮影　松原真理子／佐野ゆう（プロフィール写真）

【HAPPY ROSE DAY Instagram　@teamokonomiyaki_20210331】

ガーデンプランナーとして庭造りを通して、植物に触れる機会、花を楽しむ機会をよりたくさんの方に知っていただきたいと思いプリザーブドフラワーのレッスンを行っています。自宅アトリエでは最大３名までの少人数のレッスン、出張レッスンでは高齢者の方から小学生まで幅広い方を対象としています。また、全国の様々な分野のクリエイターとコラボ作品を制作して新しい花の魅力を発信しております。（松原真理子）

ペーパーフラワー ………………………… よねはらみか

素材が紙と思えないクオリティーのキャスケードブーケ／タティングレースモチーフと組み合わせたネックレス／幸せを呼ぶ馬蹄形の壁飾り／タティングレースモチーフとの組み合わせ／ビーズクロッシェとの組み合わせ／ワイヤークロッシェとの組み合わせ／ドラゴンブレスの色合いに合わせて色付け／ダリヤのお花／絞りシルクリボンとの組み合わせ／バテンレースブローチとの組み合わせ／色合わせを楽しむフレーム飾り／絞りシルクリボン、グルージュエリー、ビーズ刺繍との組み合わせを楽しむフレーム飾り（74-85）

撮影　シルバーソルトスタジオ 梅千代

ペーパーフラワー「フラージュ」は、手作りが苦手と思われている方でも、気軽に始めやすく、簡単に綺麗に、本物のお花のように立体的に咲かせることができるクラフトです。また､他のクラフトをされていらっしゃる方も、作品にちょっとフラージュをプラスするだけで、ワンランクアップの仕上がりになるでしょう。自分好みの組み合わせで、オリジナリティ溢れるハンドメイドアクセサリーを作って、お出かけしてみませんか？（よねはらみか）

カリグラフィー ……………………………… 山崎清美

Lyrics／50th Anniversary／Welcome to Atelier Jun／Welcome to our Wedding／Lovely poodle／Sunshine／Graduation／Congratulations／Floral Design／いろいろな書体を楽しむ／Traditional Technique（86-93）

撮影　山崎清美

カリグラフィーは、ヨーロッパが発祥の地とされ、アルファベットなどの文字を美しく表現する技術です。近年、日本でもメッセージカードや看板などに使われるようになり、目にする機会が増えています。文字には、いくつかの書体があり、それぞれ手法があります。基本の形はありますが、装飾を取り入れたり、魅せ方を工夫したりすることで、書き手のオリジナリティが出せるのも、手書き文字の魅力ではないでしょうか。（山崎清美）

INDEX

ボタニカルアートでは描かれた絵から植物の名前がわかるほど特徴を正確に描くようにします。生物学的に正確に植物を描くには、実際に描く植物を見ながらよく観察することが基本となります。植物全体の姿を正しく、精密に、その植物の持っている特徴をもっとも美しく、花の新鮮さと命を描きあらわす、このことに忠実に描きます。また草木を自分で育てると、どんどんその性質や形状が分かって理解が深まります。（小島万里子）

撮影 髙橋美代子

昨年2021年12月には20ヵ国が参加するミセスコンテスト、Mrs Noble of Queen of Universe（米国サンディエゴ）の日本大会ファイナリストとして、Covid-19によって停滞している世界へ、フラワーアート製作を通じ、自由な感性を持って何度でも生まれ変わり光を見出せるよう願いを込めスピーチをしました。2022年には地域企業応援として東海ミシン製本工業（株）ブルーカラークラフト内に企業の廃材とアトリエの端材を融合した新たなミクストメディア作品“創造の萌芽”を寄贈。地域おこしをはじめ持続可能な社会への貢献を目指しています。（髙橋美代子）

撮影 A-style 五十嵐明貴子

今回ご紹介したカフェミナージュ®は身のまわりの既製品に生地やリボンでデコレーションを施してオリジナルな雑貨を作り楽しむ岡本扶美代表考案の神戸発ハンドメイドブランドです。まだ使えるものを捨ててしまう大量消費生活から、少しでも長く大切に使い続けることができる愛用品を作ることで“モノの消費を抑えていく”小さいけれどサスティナブルな社会貢献もできるクラフトに生まれ変わりました。2021年12月にはオリジナル生地 Jolie Macaron®のファンクラブも発足。お気に入りをずっと使い続けることができる、カフェミナージュではそんな暮らしを応援しています。（北林貴子）

撮影 堀田真澄

クリスタルアートアクセサリーは、全て手描きによる手作り1点物のアクセサリーです。アートをお客様にもっと気軽に生活に取り込んで欲しい、ファッション感覚で楽しんでアートを身につけて欲しいという思いからクリスタルアートアクセサリーは生まれました。ブランドコンセプトは『ファッション＆アート』。私にとってファッションとアートは切り離せない1つの世界です。

（堀田真澄）

INDEX

Best Selection

カルトナージュ＆タッセル ……………… **三輪真由子**

カルトン（厚紙）をカット、組み立て、美しい布や紙を貼り仕上げる作業は何気ない日々を楽しくしてくれます。新しい発見や生地との出会いで創作意欲が駆け巡り、カルトナージュに出会った14年前の嬉しさは今も変わりません。コロナ禍の不安な時も手を動かし続け、作品も増えました。APJタッセルの愛らしいタッセルは作る時も出来上がった時も優美なひと時を感じ癒されます。2021年の12月、旧福岡県公会堂貴賓館にて「TASSEL & CARTONNAGE」と題し作品展を開催しました。通って下さる生徒様の作品と共に多くの方に見ていただき、楽しんでいただければと思います。(2-3)

インテリアデコクチュール® …………… **堀内かず美**

住空間は私たちの基盤となる場所で、部屋は『心の状態を映し出す鏡』ともいえます。インテリアデコクチュール協会ではストレス社会の今、モノづくりに没頭する時間が、セラピー効果をもたらすと考えています。そこで身近な素材でお裁縫が得意でない方でも楽しめ実用的で美しい装飾アイテムをつくるクラフトのカリキュラムを提案しています。(4-5)

カービング ………………………………… **柴田なな**

ナイフ一本で、あっと驚くような作品を生み出すことができるカービング。材料も石けんやお野菜、フルーツなど身近なものばかり！日々の暮らしに彩りを添えることができるカービングは近年とても人気があるジャンルです。カービングとは、ただ単に“彫る”だけではありません。楽しんで。飾って。見て。味わって。工夫とアイデアでその魅力が幾重にも増すこと、カービングの奥深く美しい世界を、一人でも多くの方に体験していただきたいと思っています。(6-7)

リボンワーク …………………………… **今井みゆき**

私のリボンワークでは、平たいリボンを立体化させたり様々な素材とコラボさせながら、1つのアクセサリーやインテリア等の形へと変化させていきます。ご自身の手で1から作り上げる工程は、ハンドメイド好きさんには感動の連続に違いありません。手作りの楽しさやリボンの新たな魅力を存分に味わえる人気のジャンルです。(8-9)

経木アート ………………………………… **金子美枝**

2012年2月より東日本大震災の被災地にて、社会福祉協議会の主催により「お花の会」を開いています。「震災後に花に触れたのは初めてで、癒されました」「初めて自分の手で作り、嬉しかったです」「お花を扱うと心が弾み、とても楽しかったです」…など参加者の声を聞くと、花のパワーはすごい！と強く感じます。花とは人と人を結び、心に未知なるパワーと安らぎを宿してくれるもの。皆さんがお花に触れることで笑顔になり何かの一歩につながればと願っています。(10-11)

Special Interview

フラワーアート ………………………… **丹羽恵子**

京都　高台寺“十牛庵”にて／名古屋港水族館「プレミアムフライデー」パフォーマンス／京都 高台寺“十牛庵”／「翔」／「舞」／「不死鳥」／名古屋 東別院にて (126-133)

撮影　Andy Boon

令和3年11月26日から12月5日まで、東京・六本木の新国立美術館に私の作品「飛翔」が展示されました。自分で考え出した手法で思い通りの作品を創りあげていく時間は、私にとって、とても大切な時間です。「丹羽恵子らしい。」と言われる事はとても嬉しくもあり、パワーをいただけます。私のお花を皆様の心の世界で感じ取って頂けたら幸せです。

(丹羽恵子)

VOLUME V
クラフト＆フラワー第5集

2022年6月10日　発行
定価　3,080円（本体2,800円+税10%）

発行人　白澤 照司

発行所　株式会社 草土出版
〒171-0033　東京都豊島区高田
3-5-5 ロイヤルパーク高田206
TEL 03-6914-2995　FAX 03-6914-2994
HP http://sodo.co.jp

発売元　株式会社 星雲社（共同出版社・流通出版社）
〒112-0005　東京都文京区水道1-3-30
TEL 03-3868-3275　FAX 03-3868-6588

制作・デザイン　有限会社 J-ART
DTP　苅谷 涼子
編集　大橋 緑

印刷　株式会社 博文社

　ISBN978-4-434-29815-8　C2076